FANTASTISCH MANDALAS

Una Reise voller Farben und Kreativität

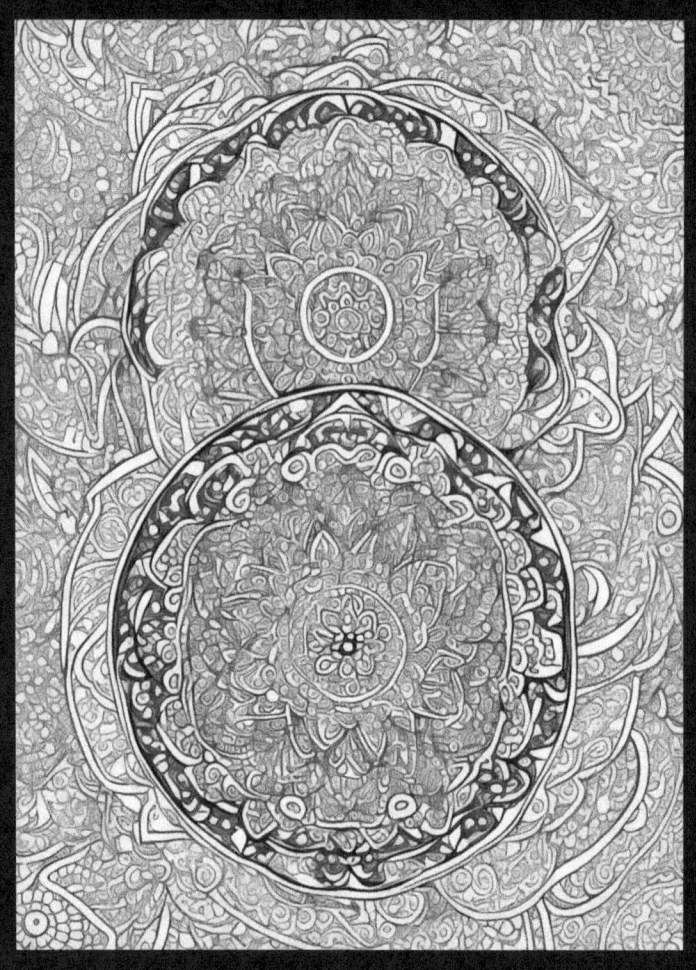

Willkommen in der magischen Welt der Mandalas, wo Kunst und Spiritualität aufeinandertreffen, um faszinierende Muster von Schönheit und Harmonie zu schaffen! Mandalas sind wie Kaleidoskope aus Farben und Formen, die uns zu einer Reise der Entspannung und Selbstausdruck einladen.

Dieses Buch gehört zu:

_____

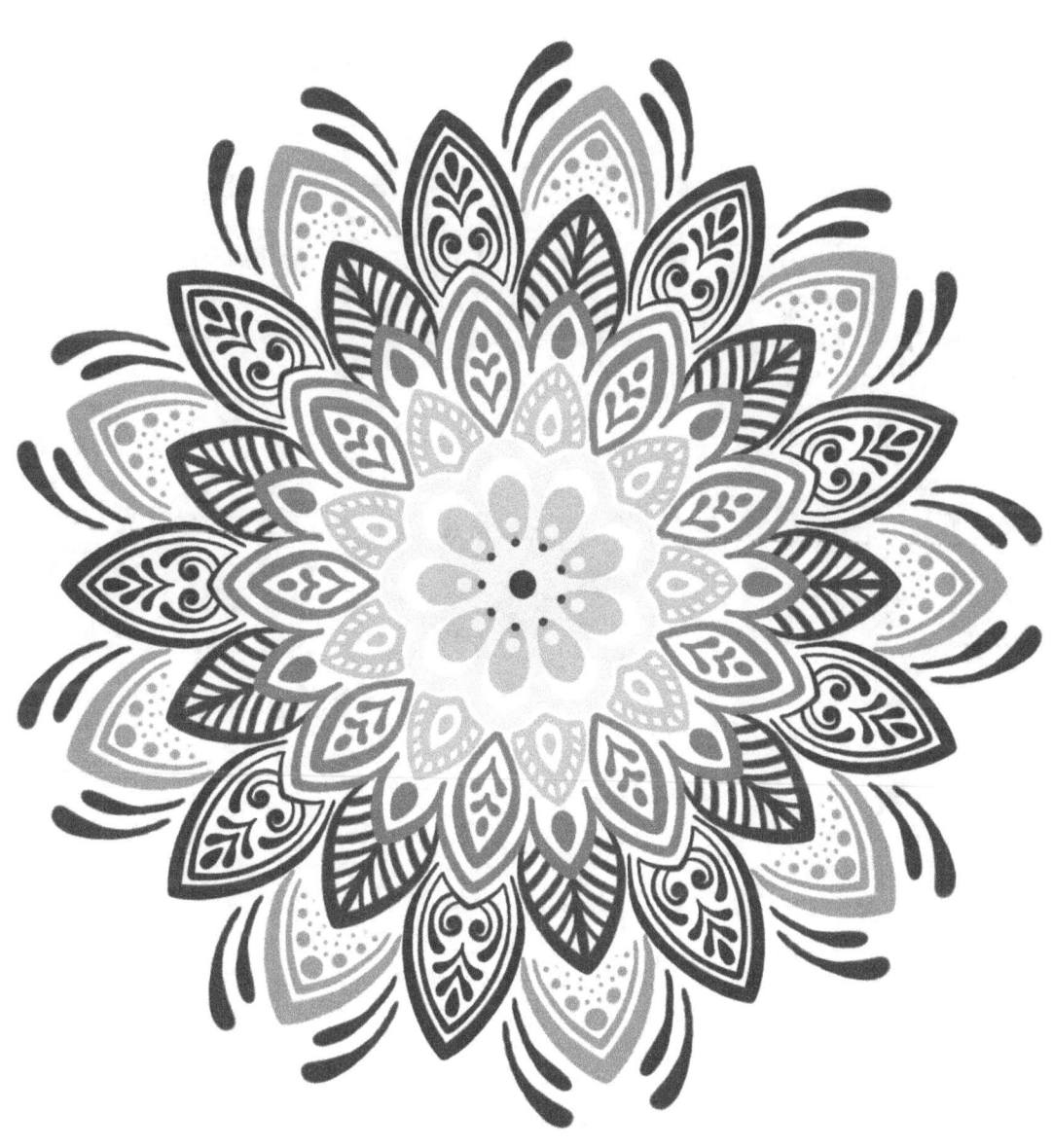

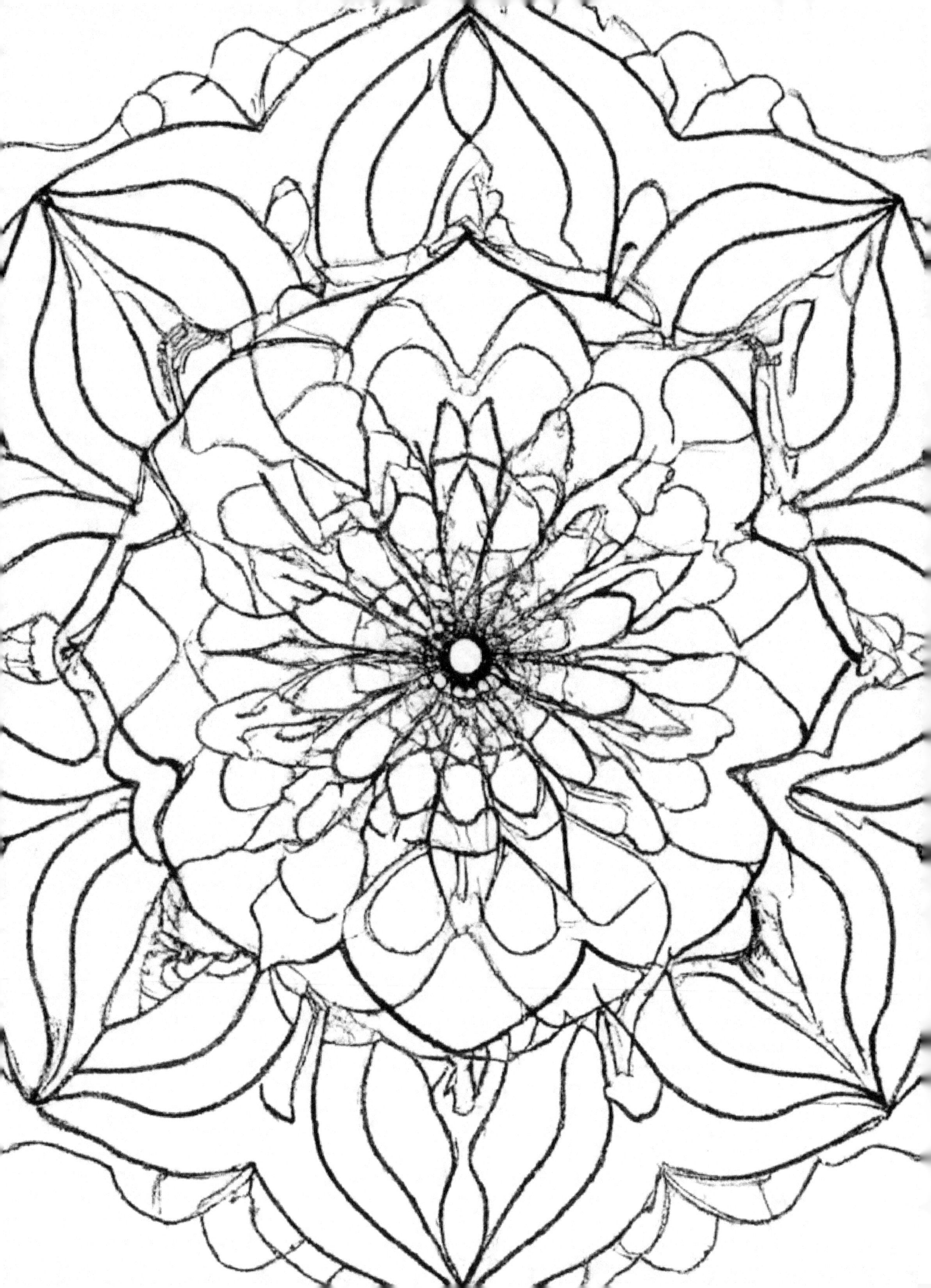

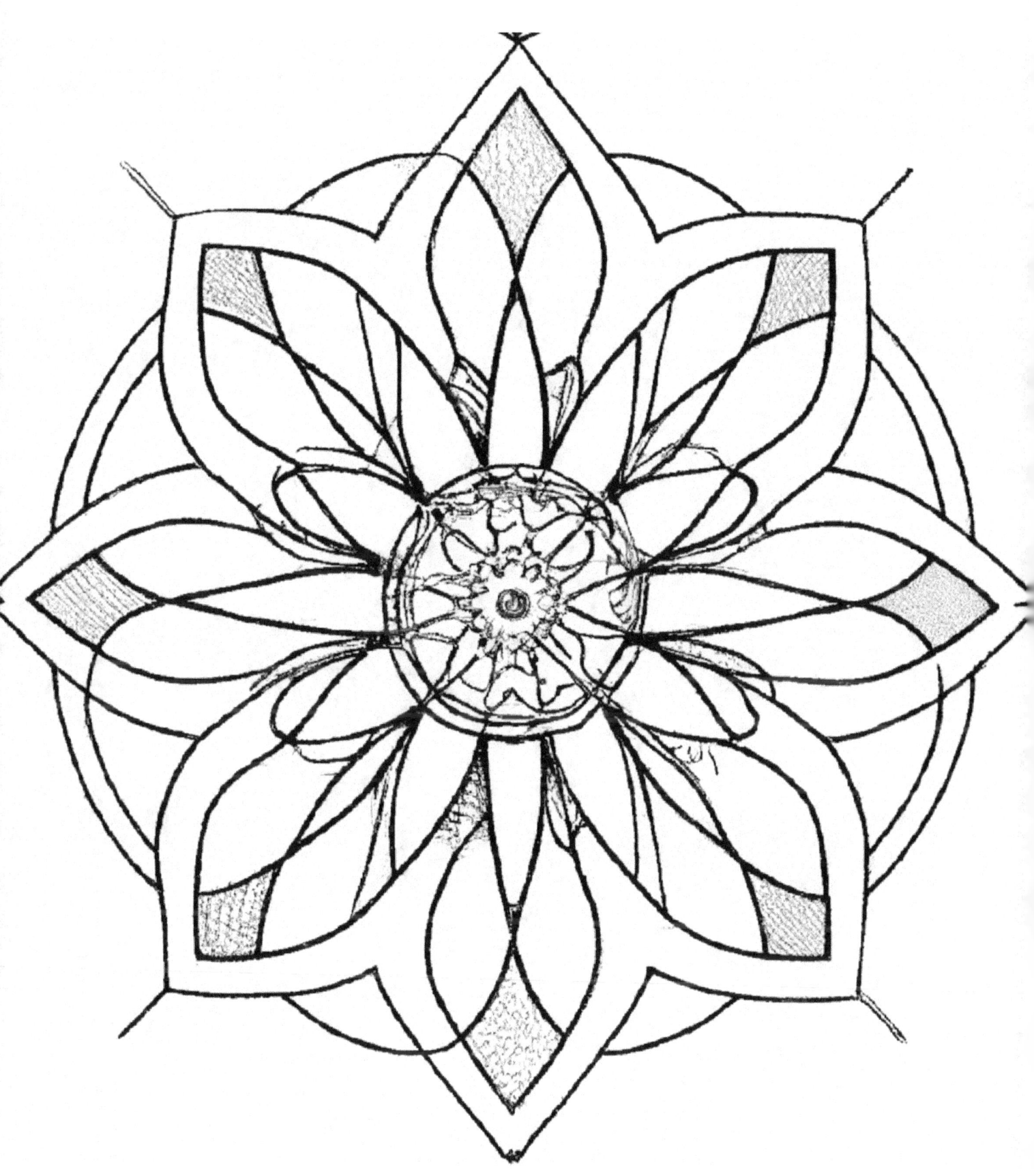

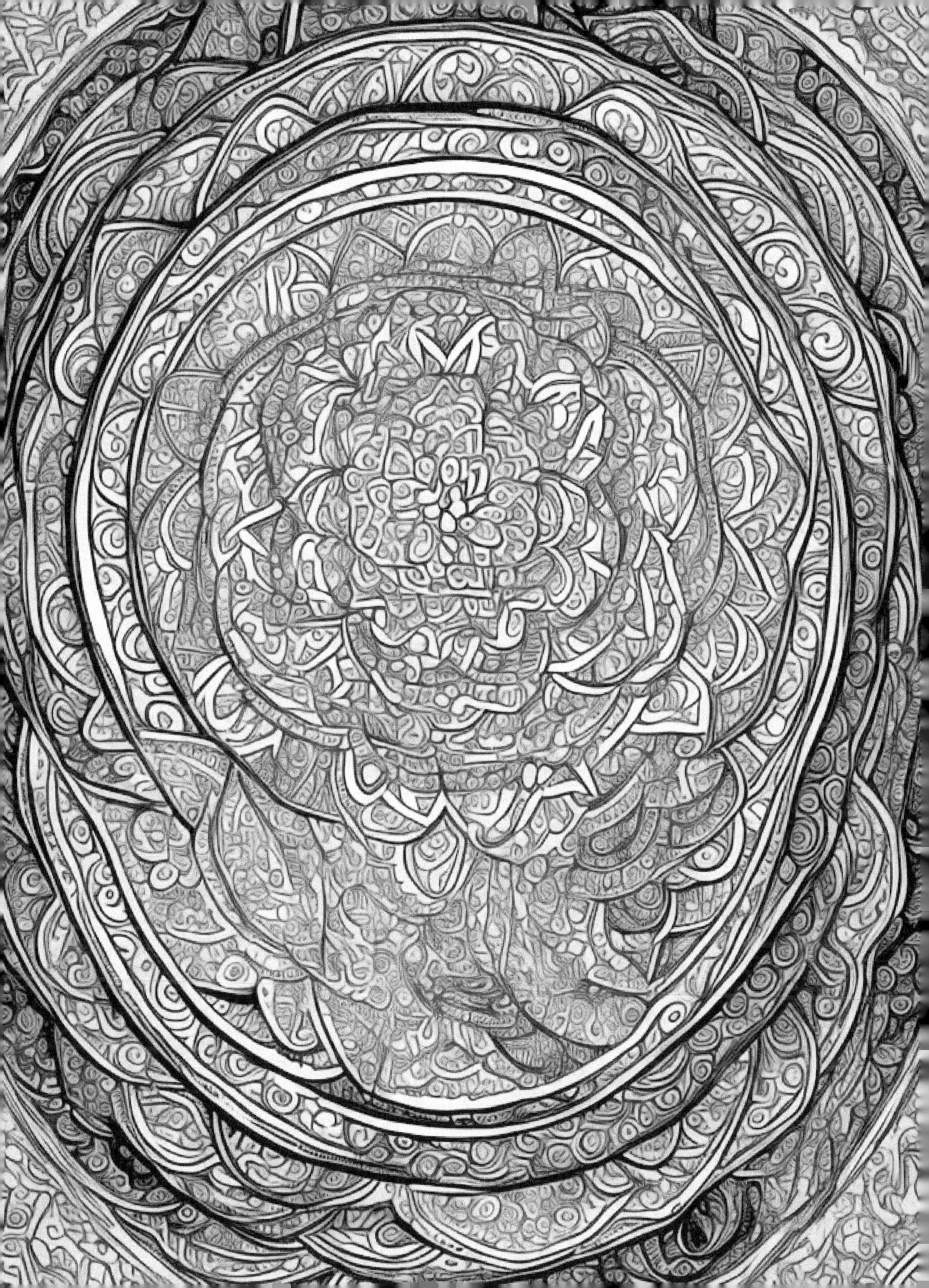

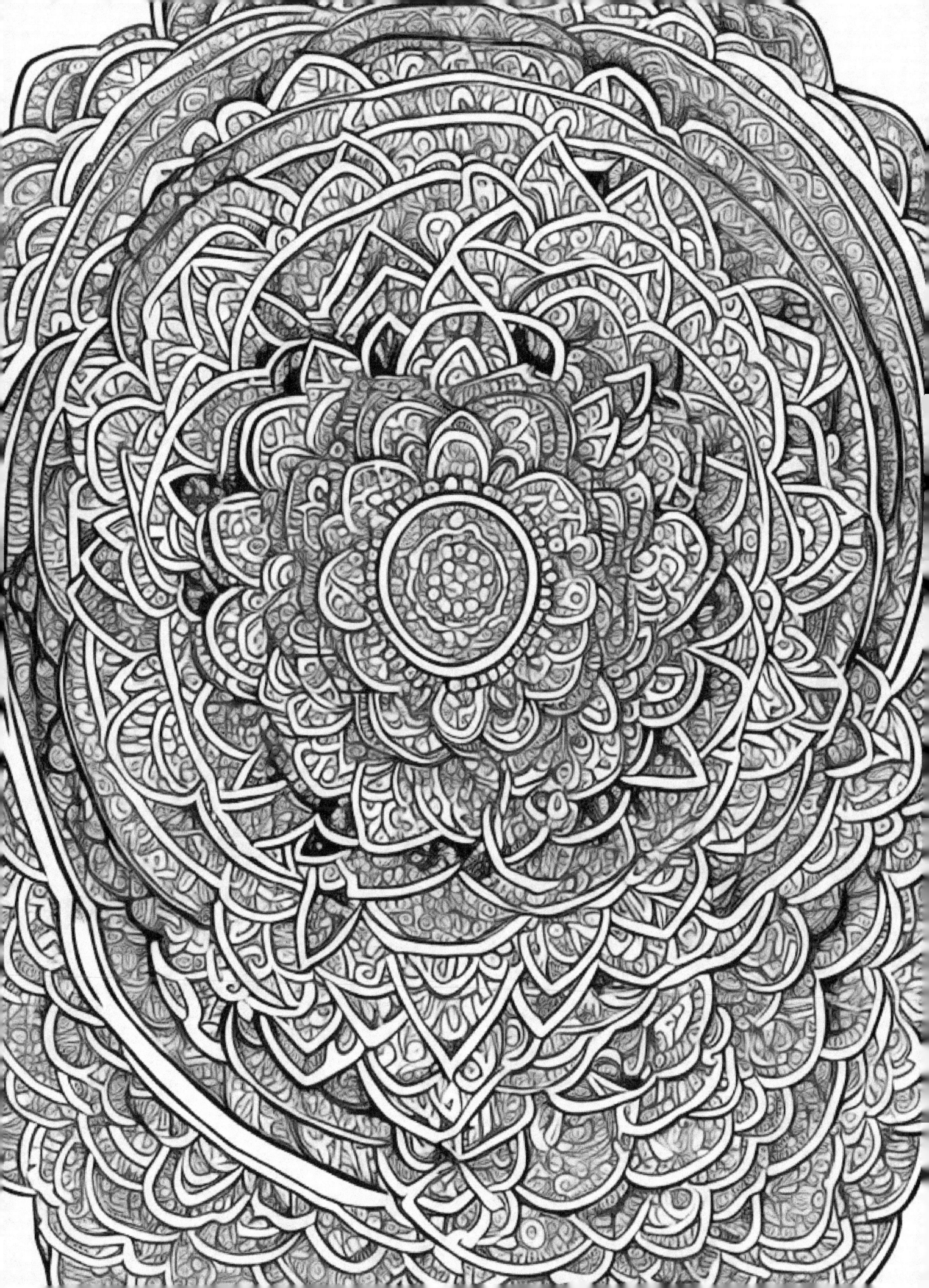

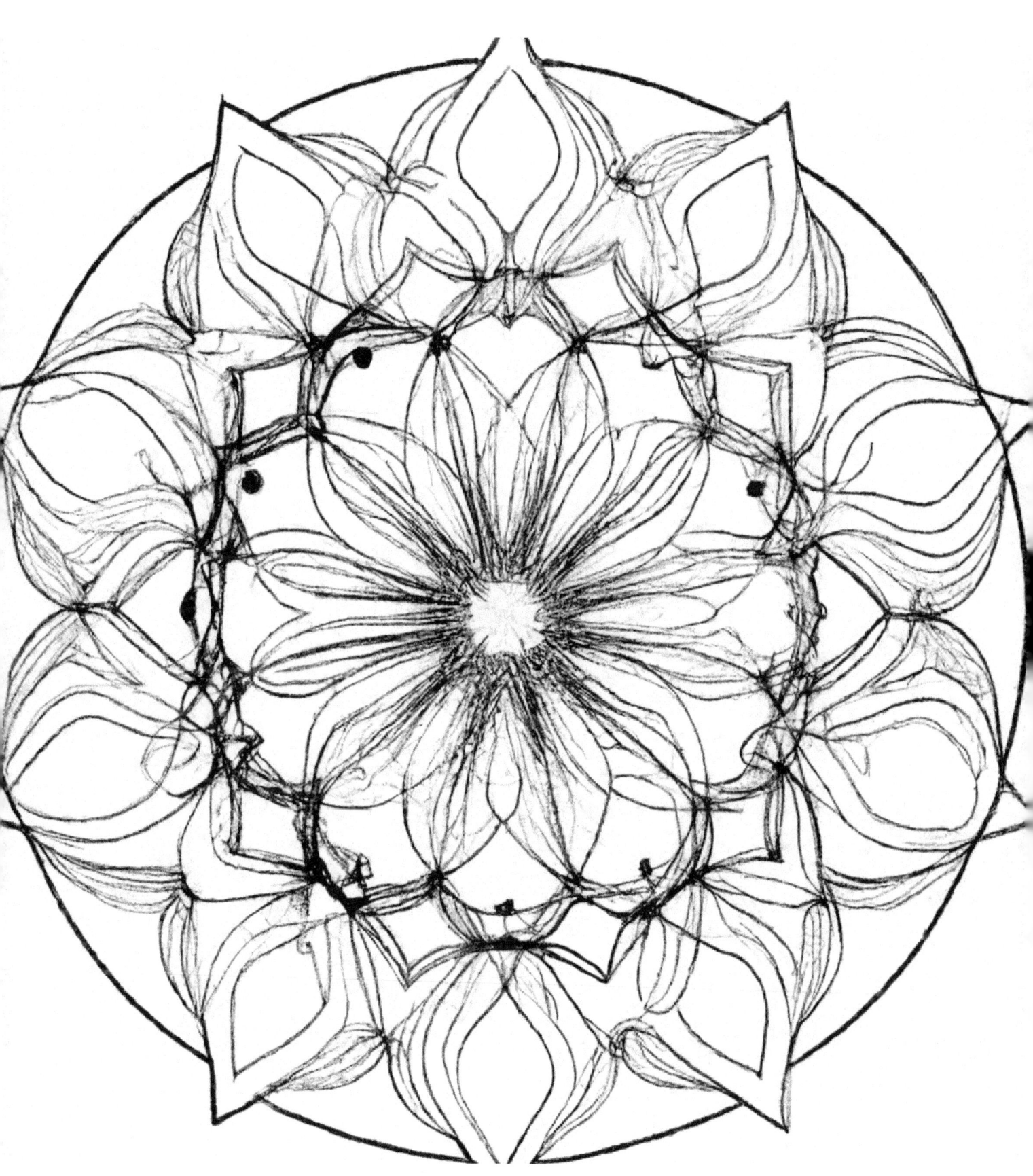

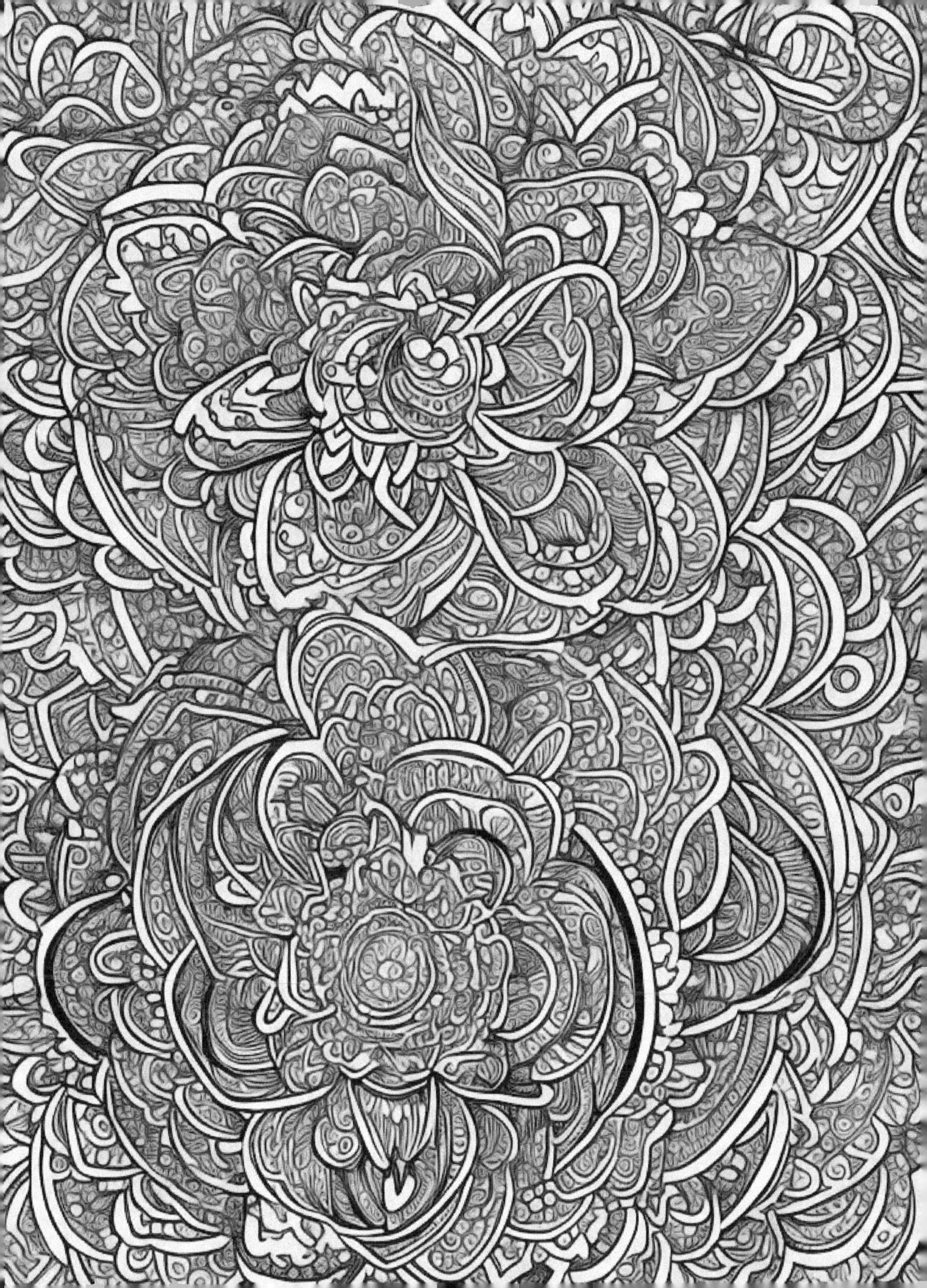

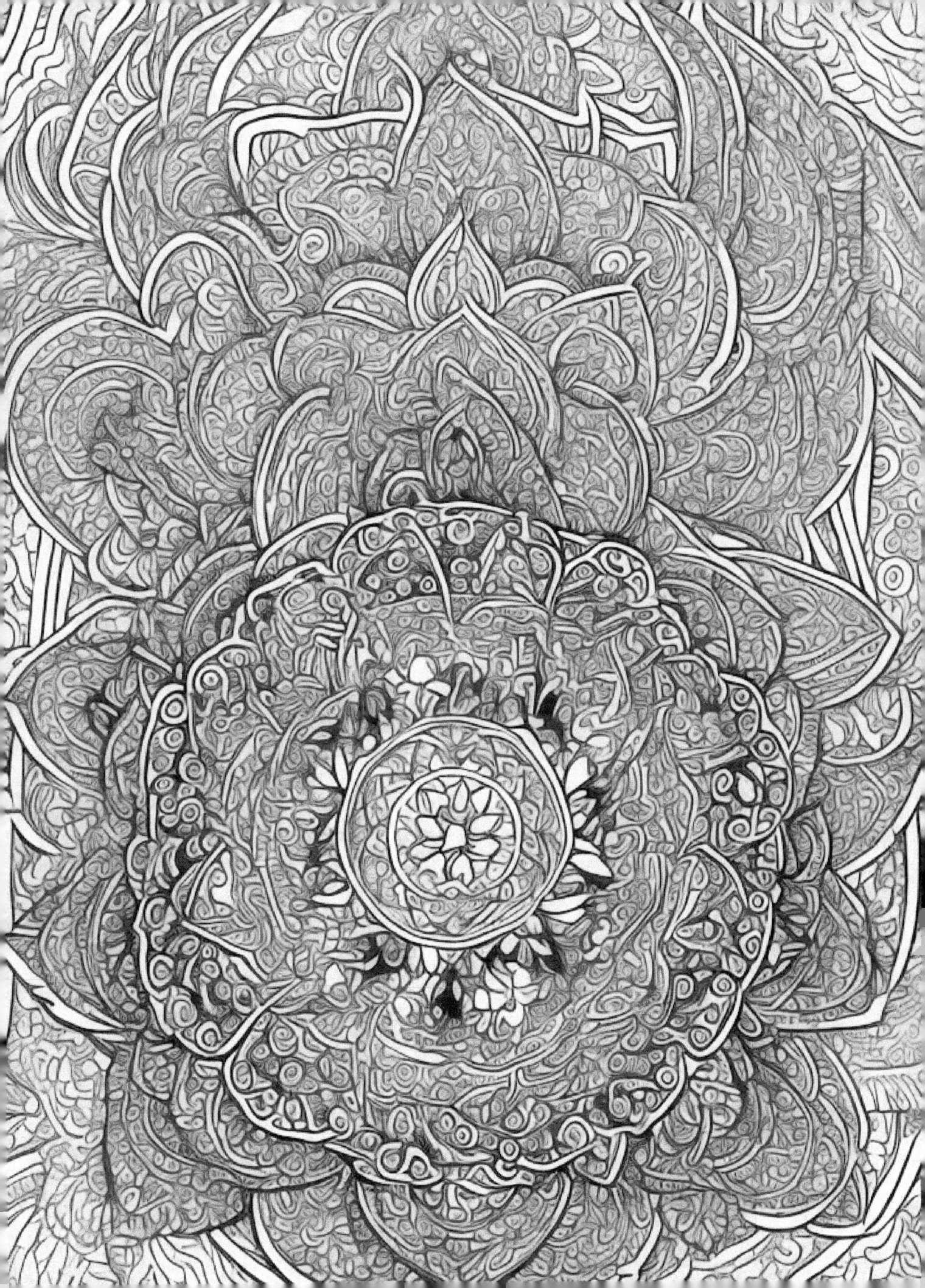

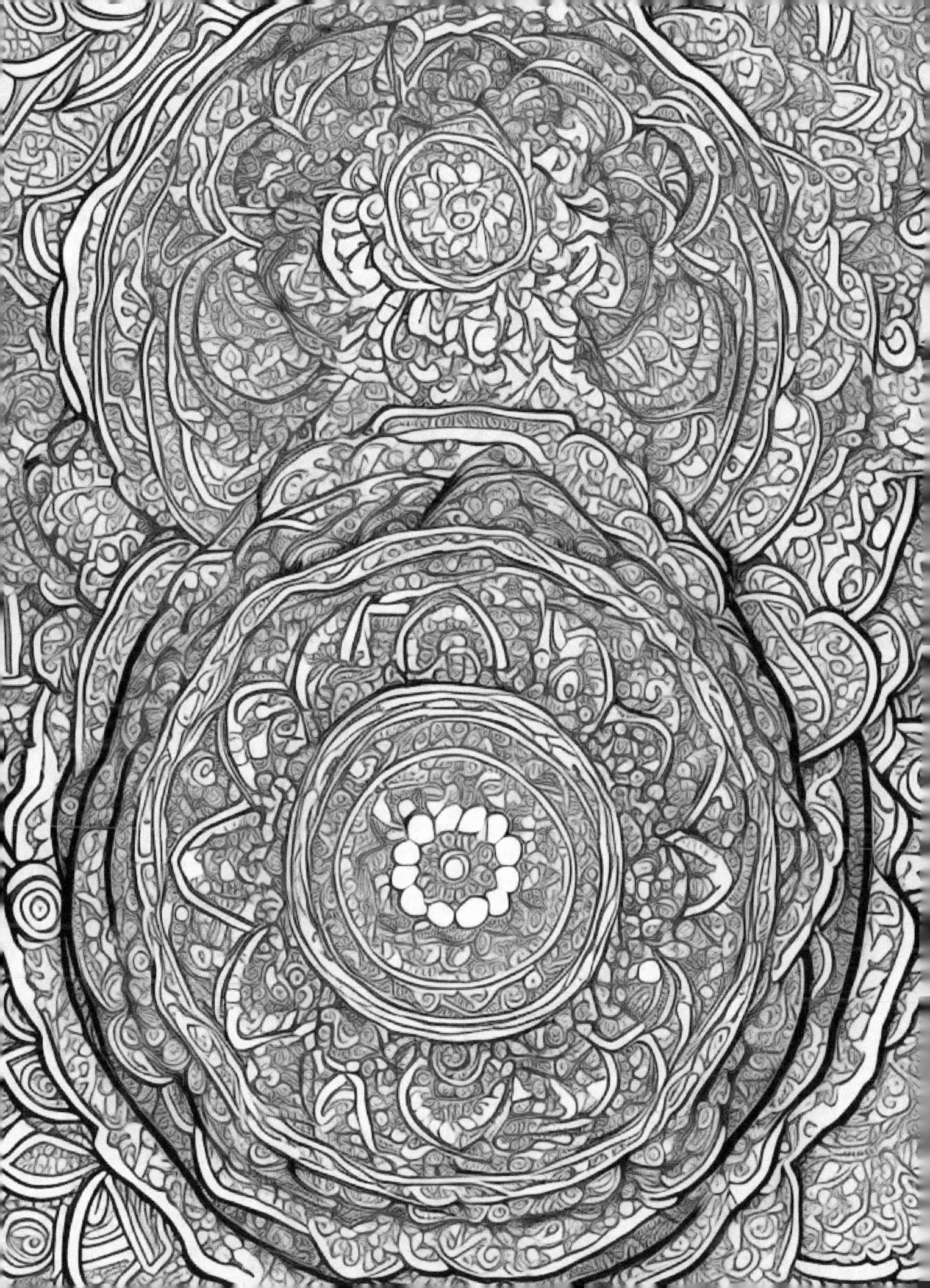

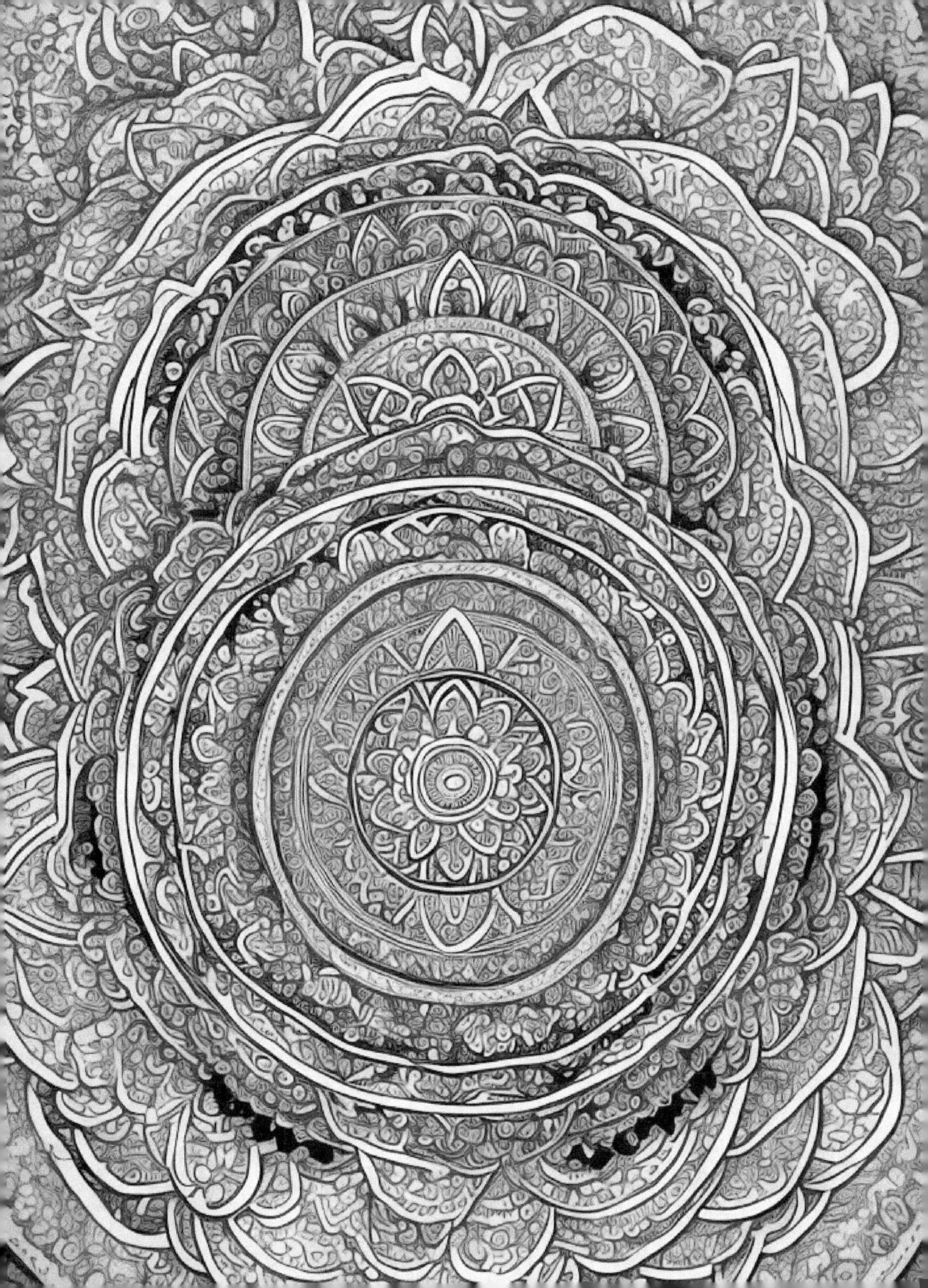

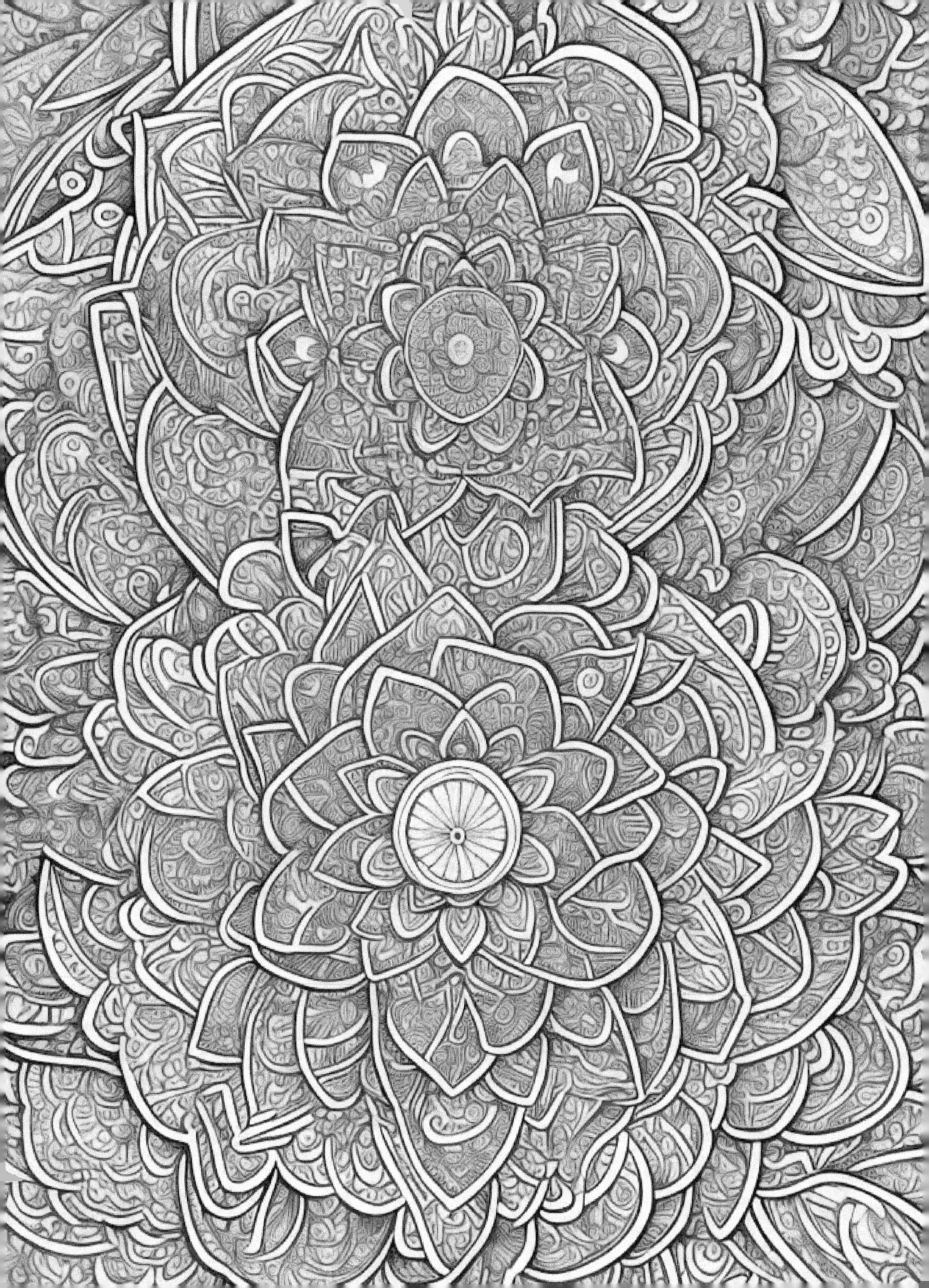

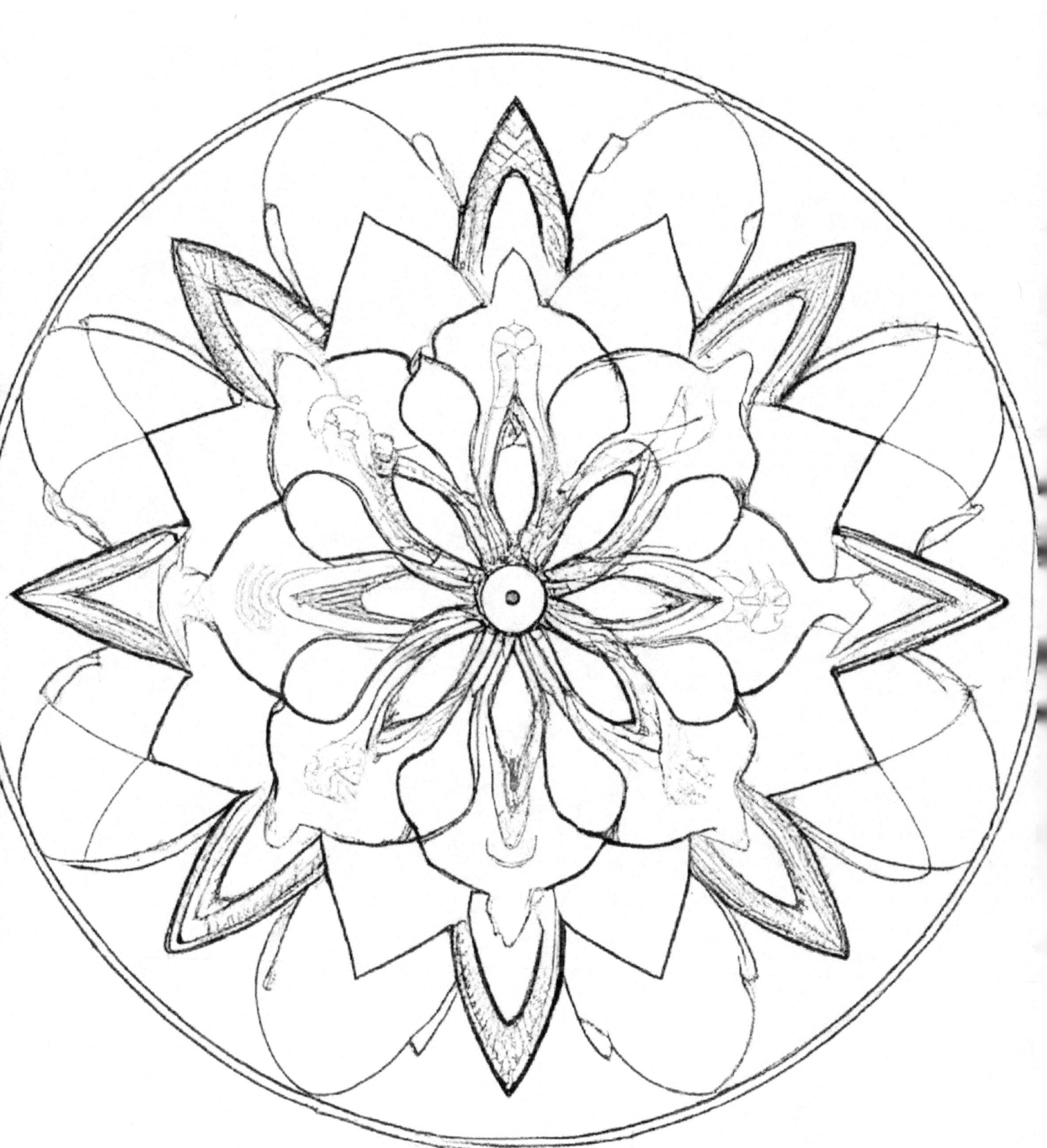

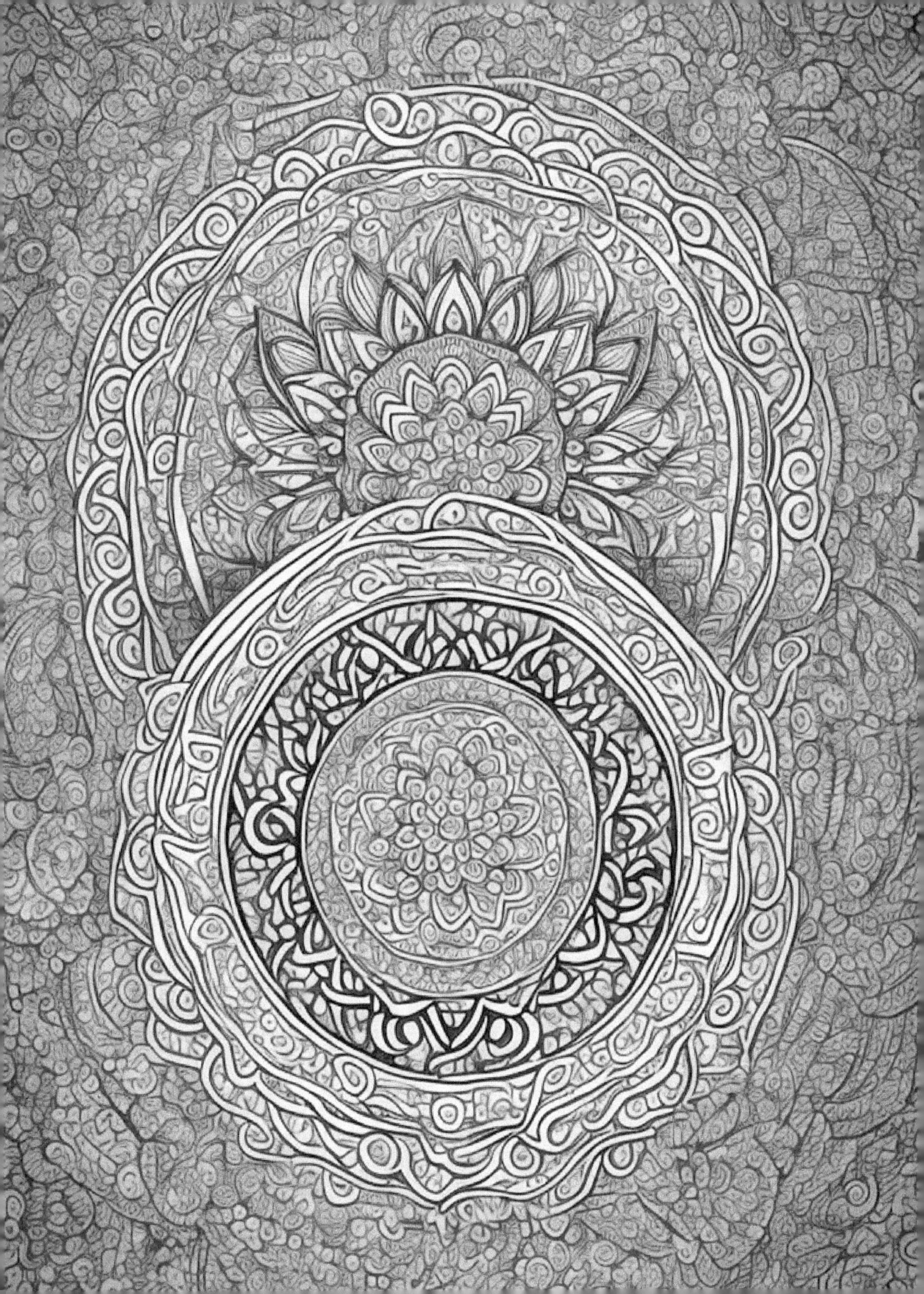

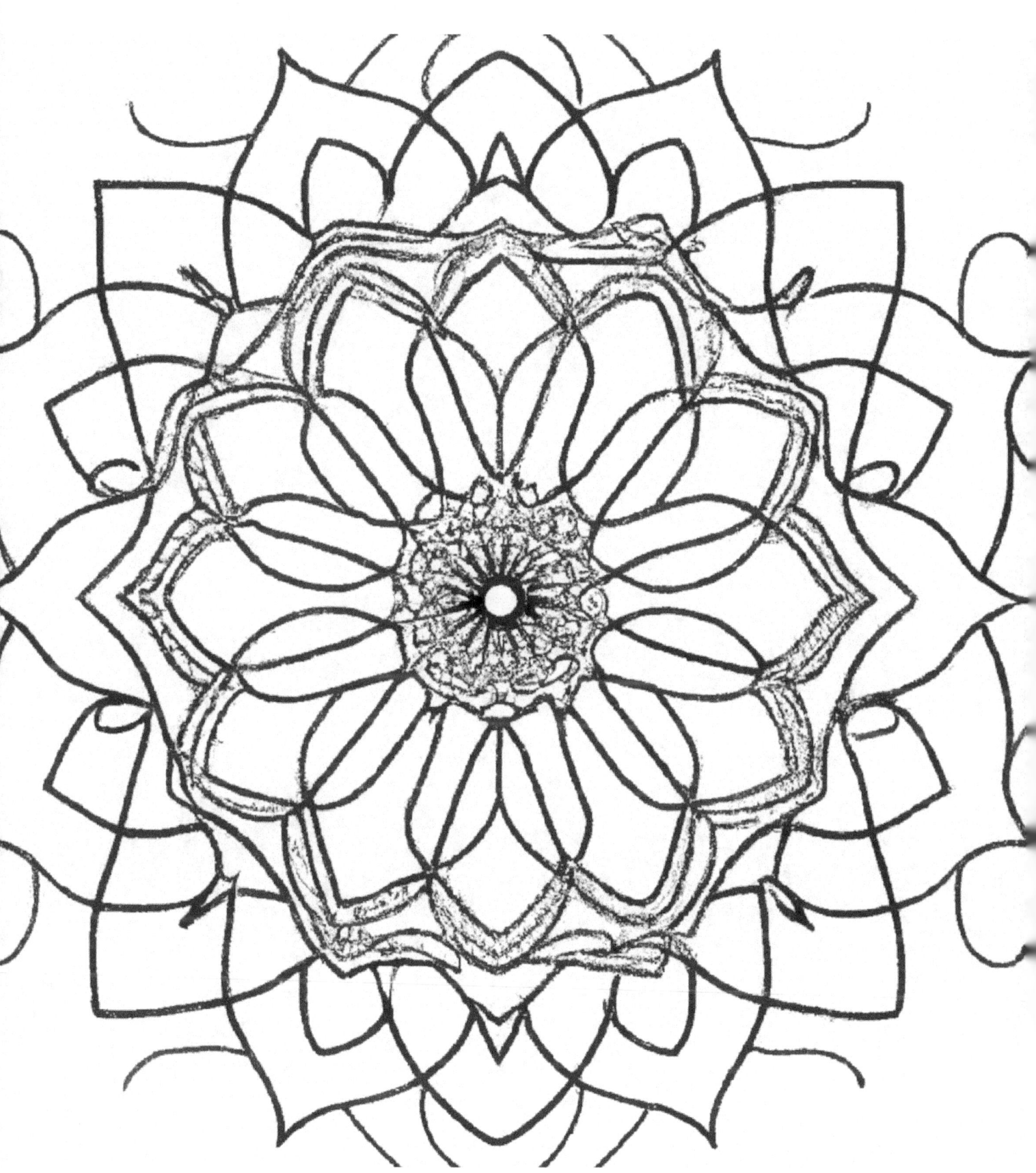

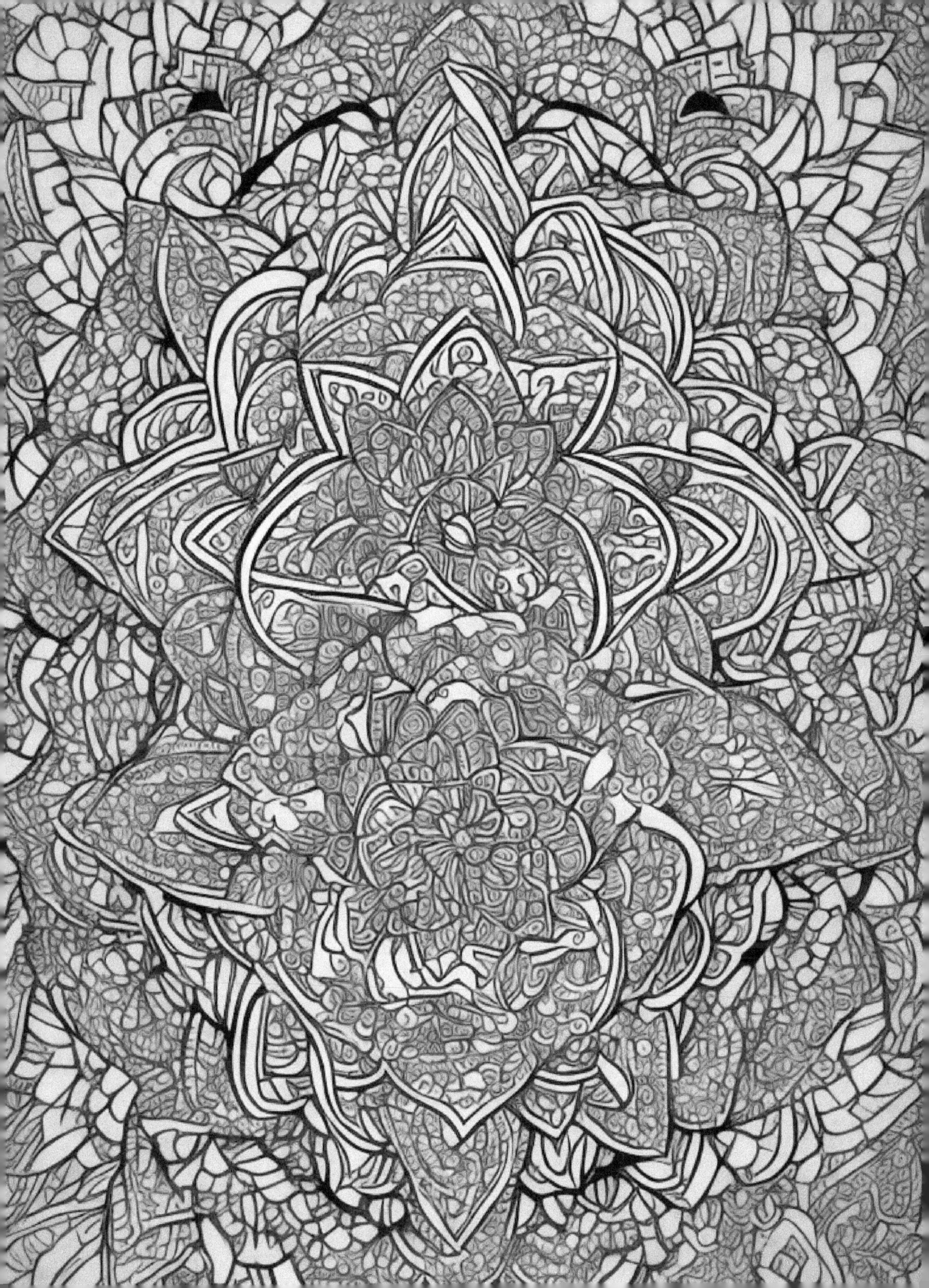

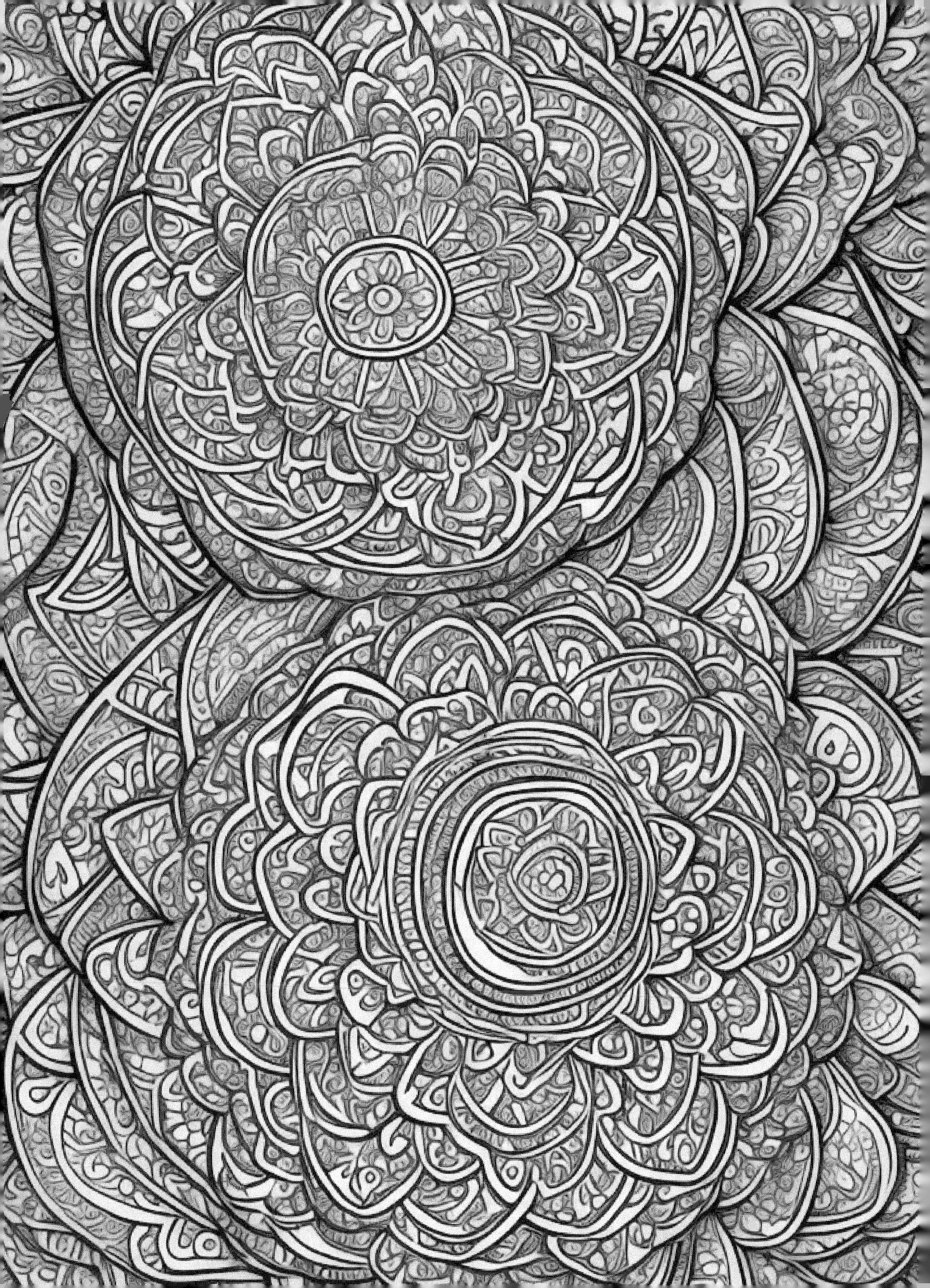

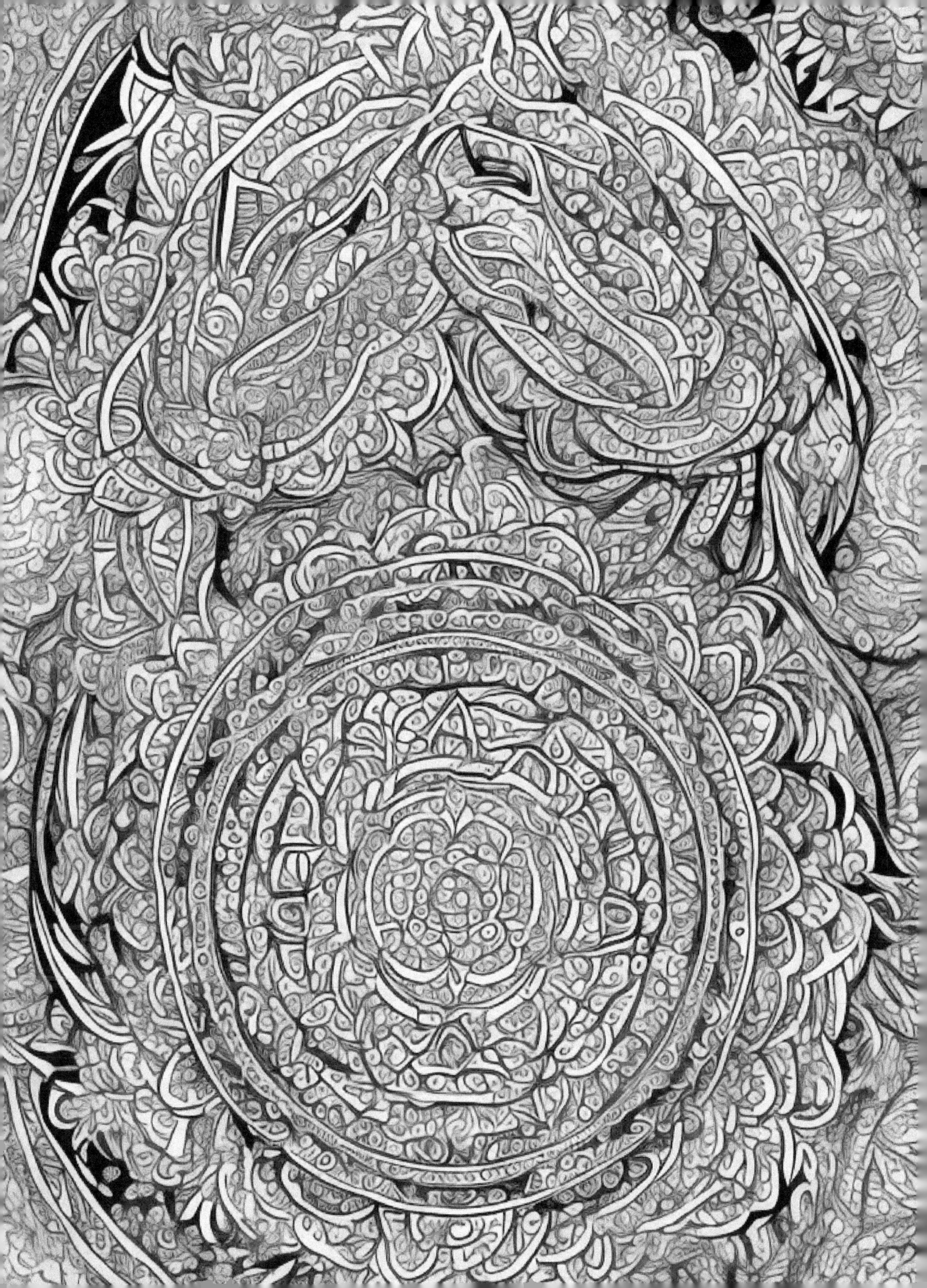

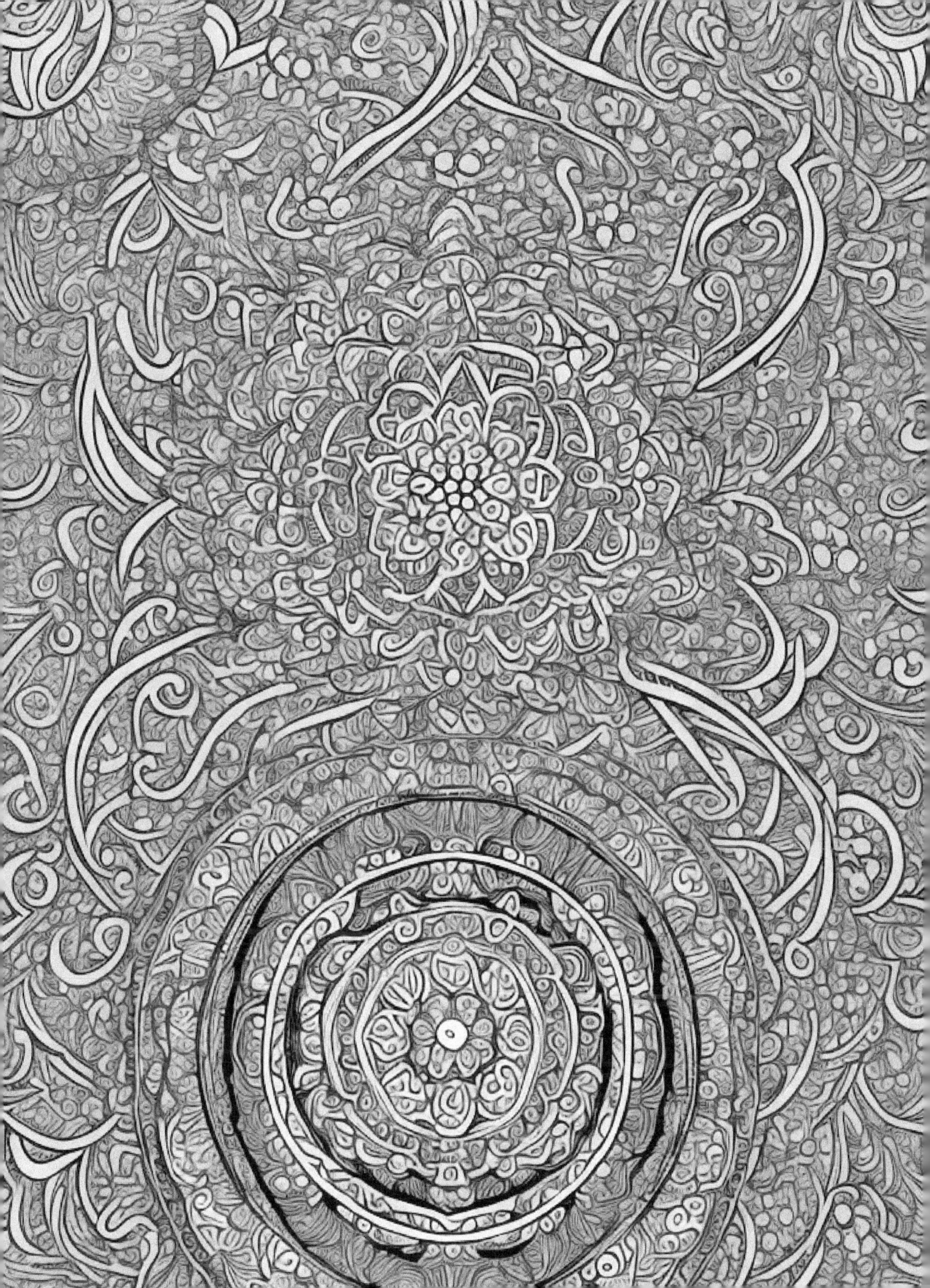

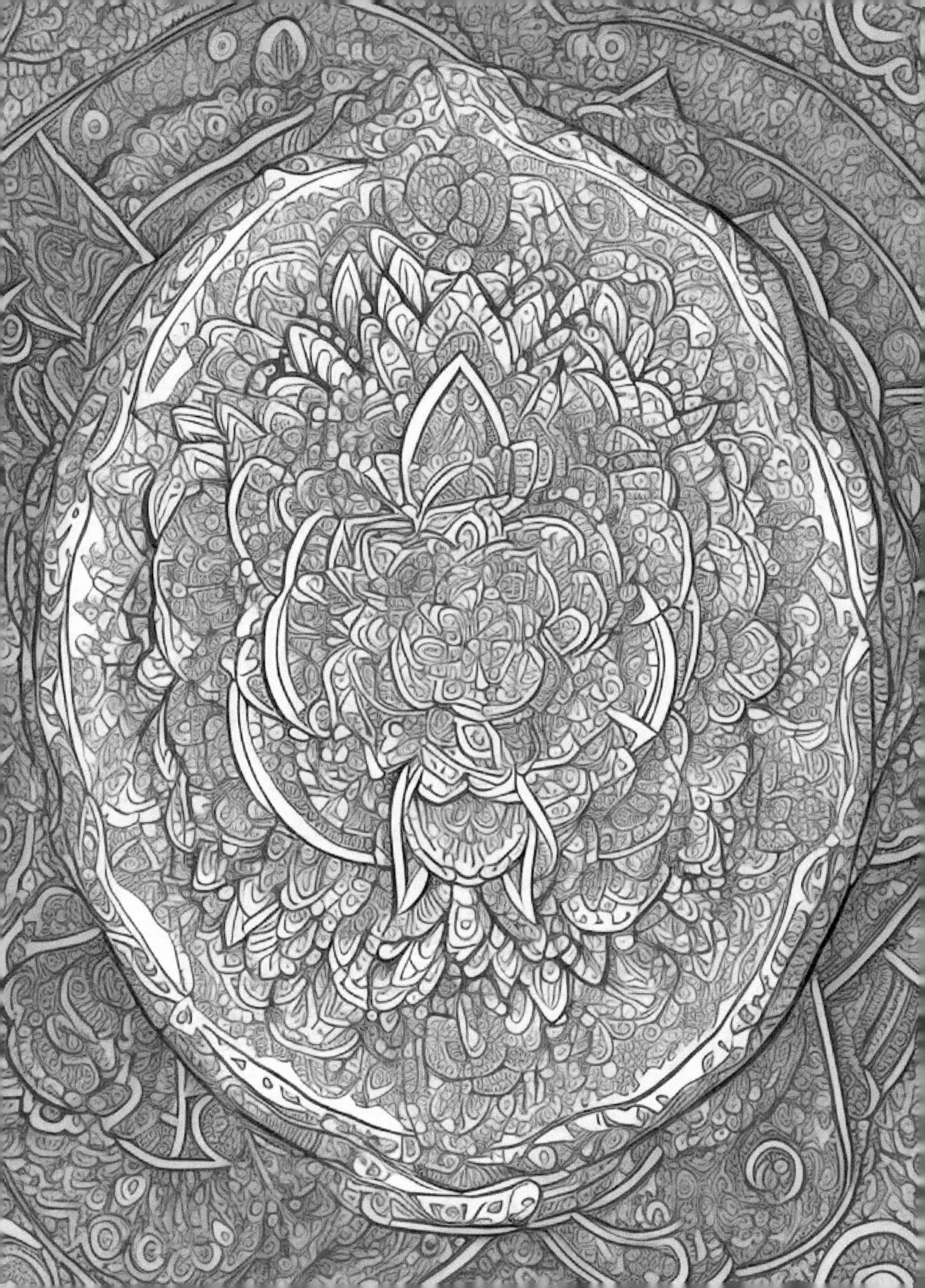

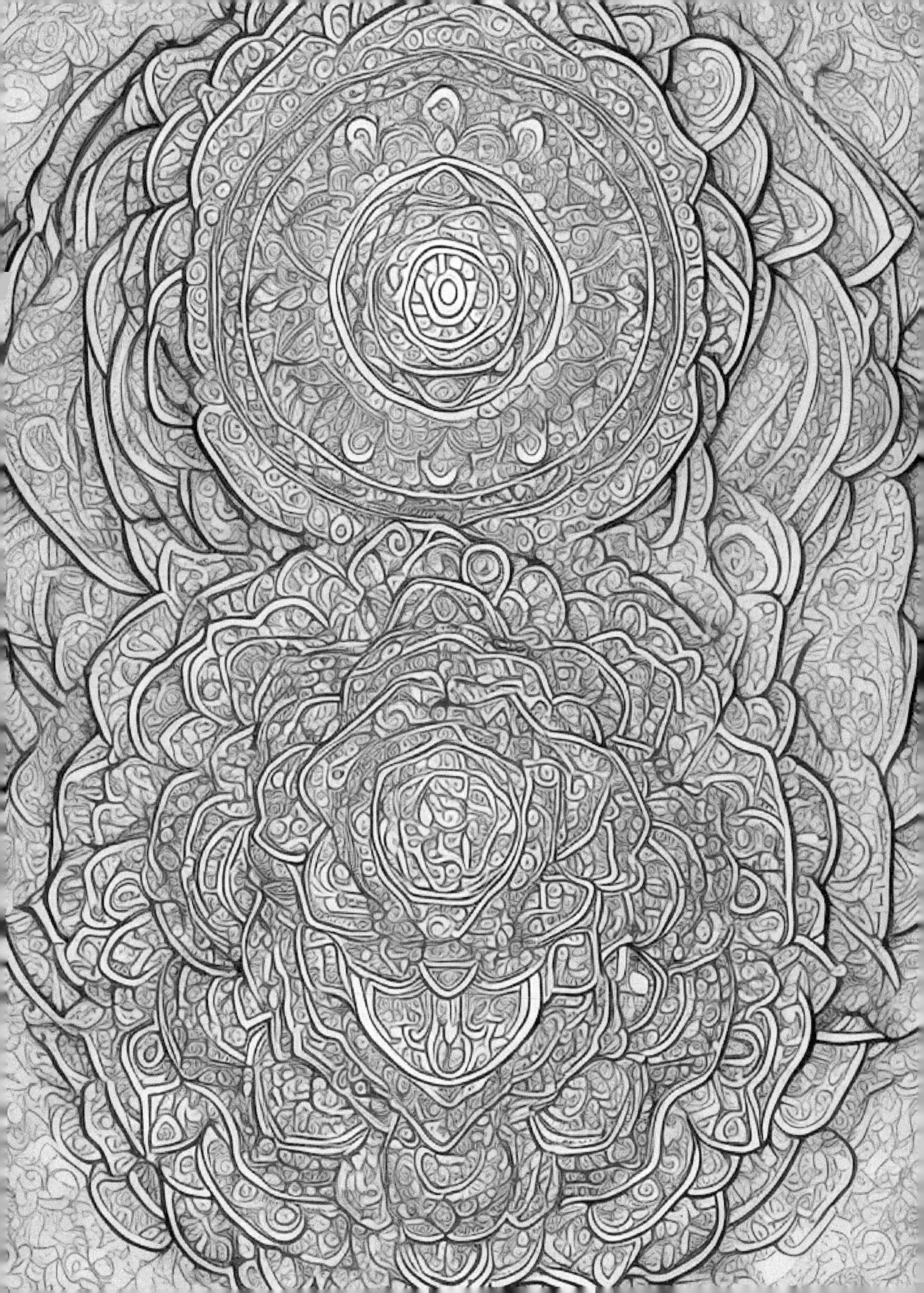

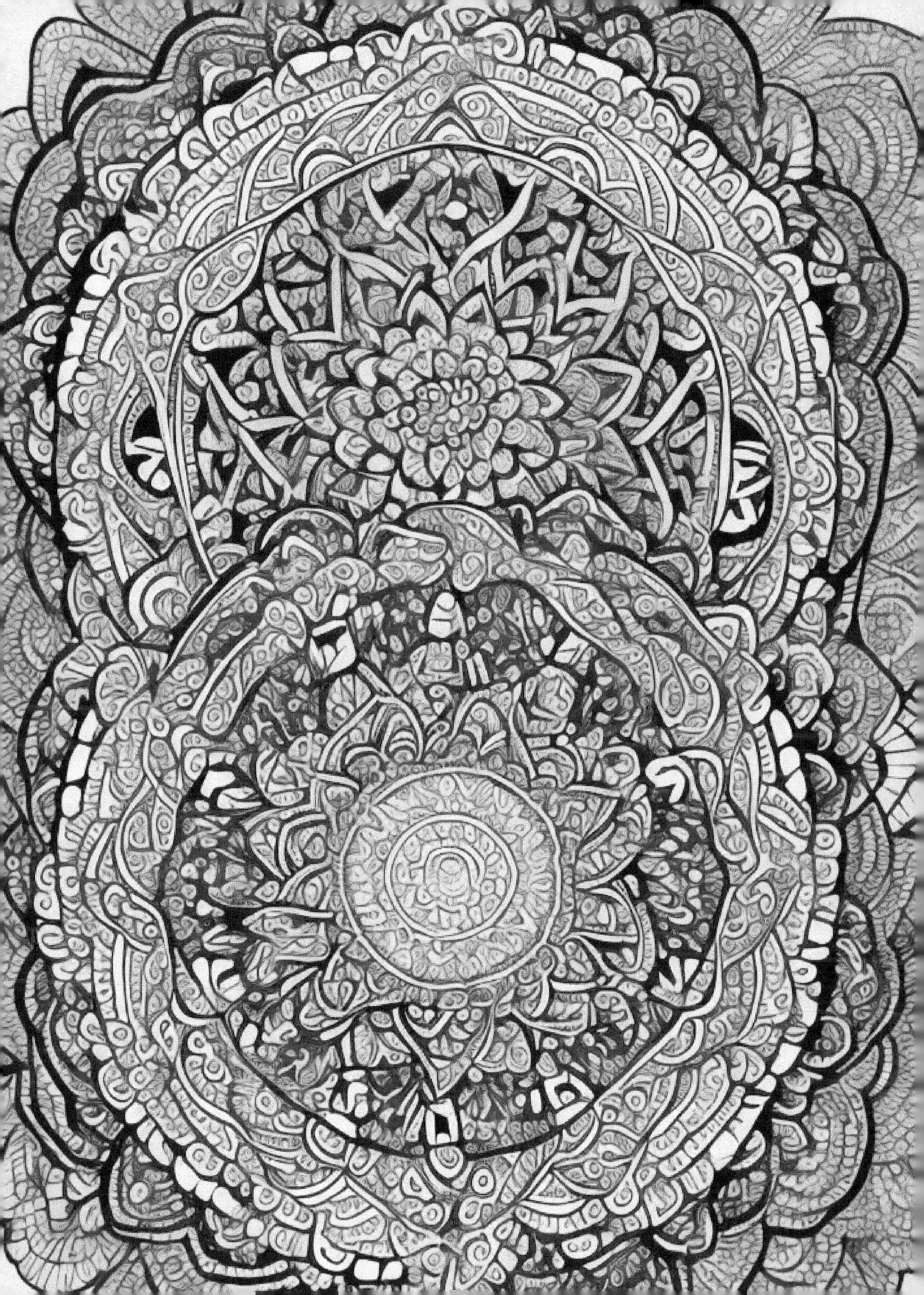

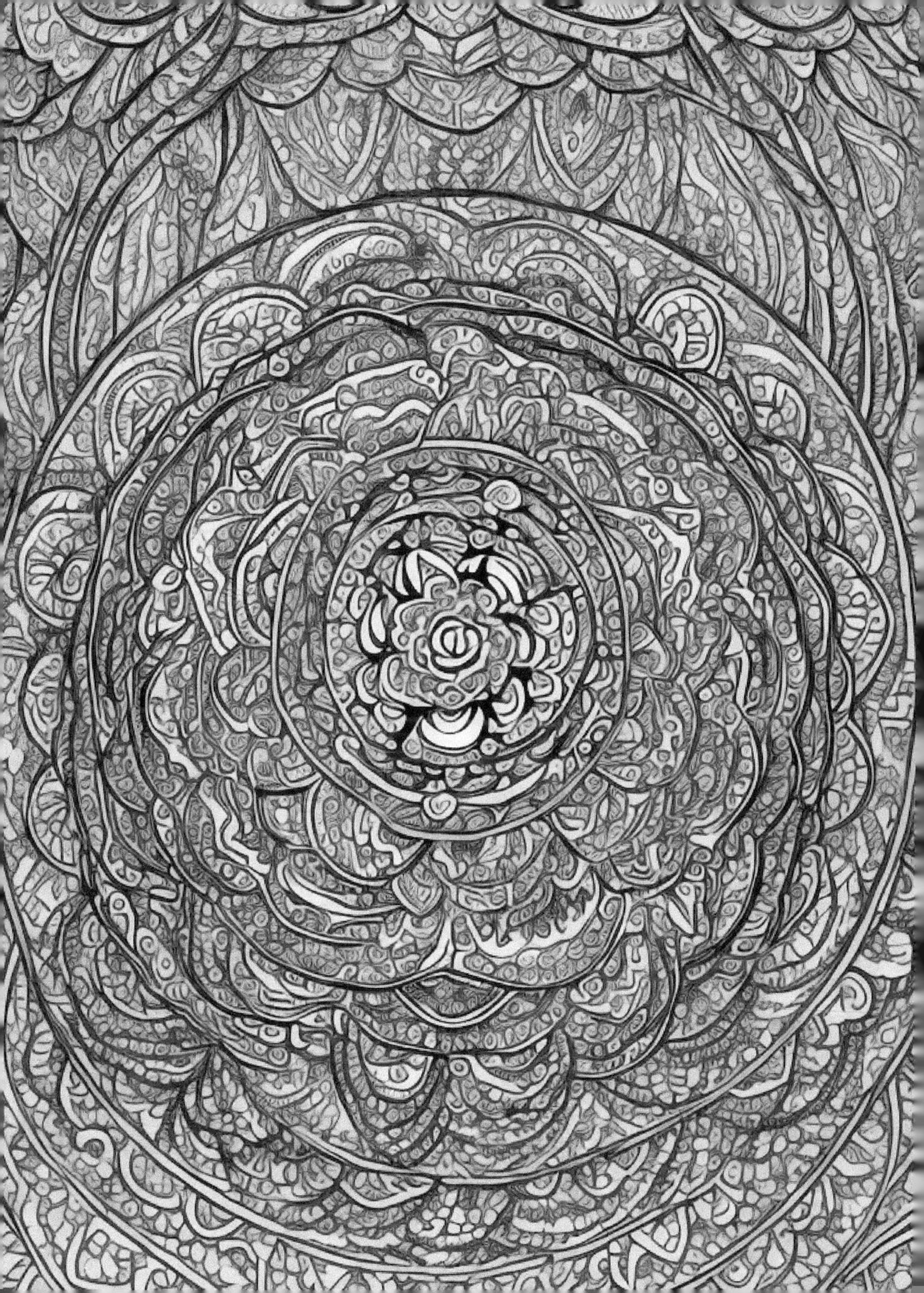

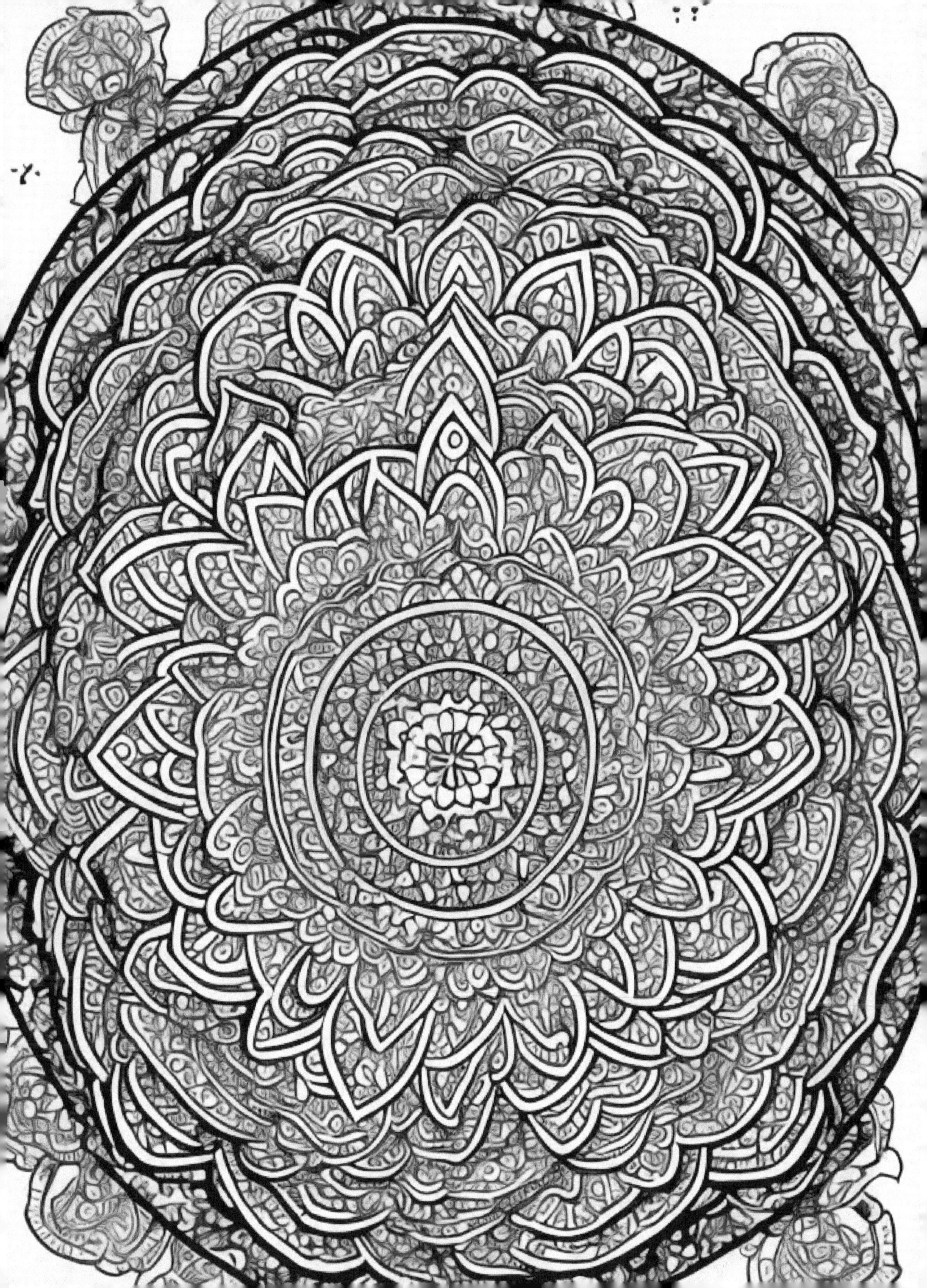

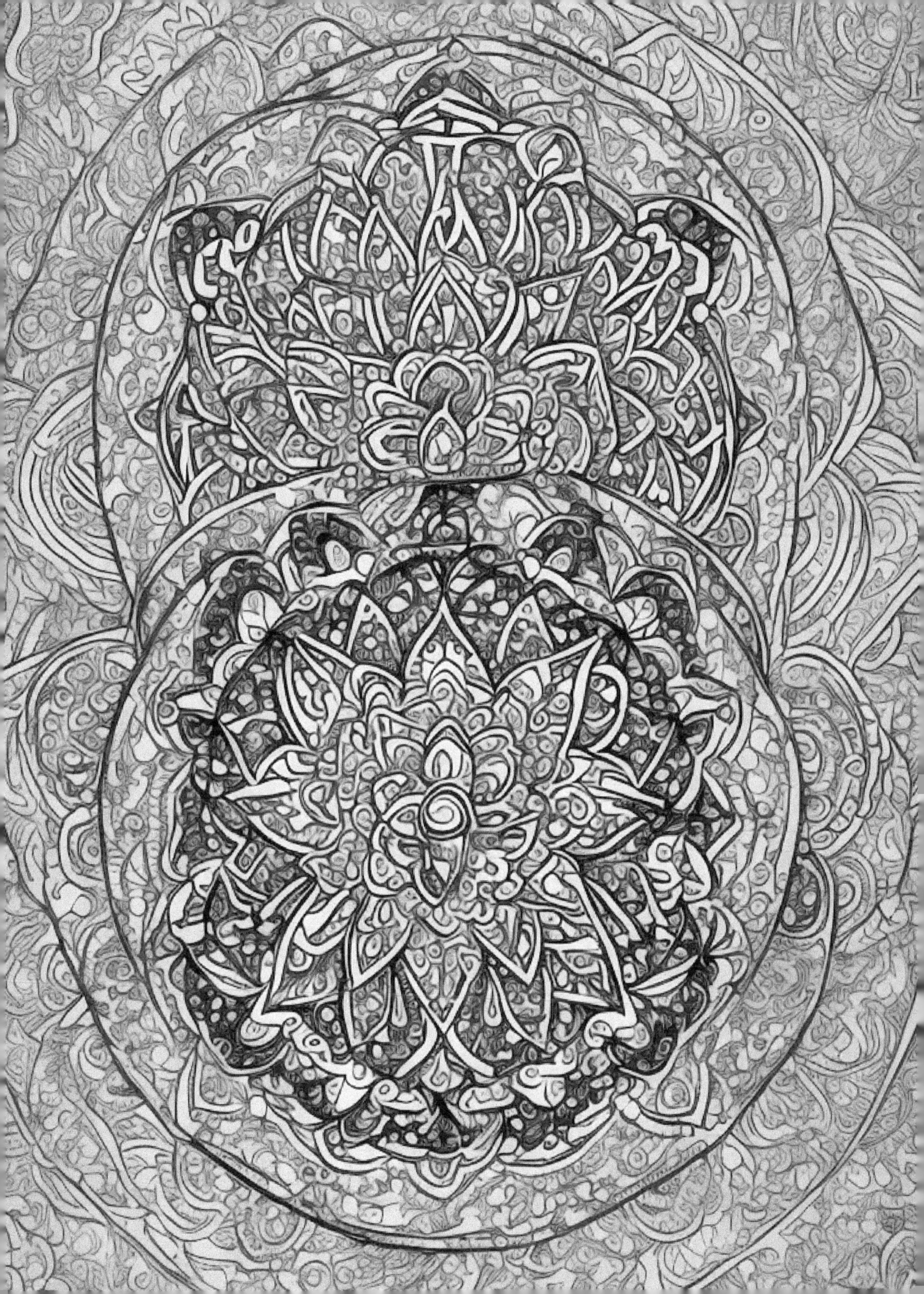

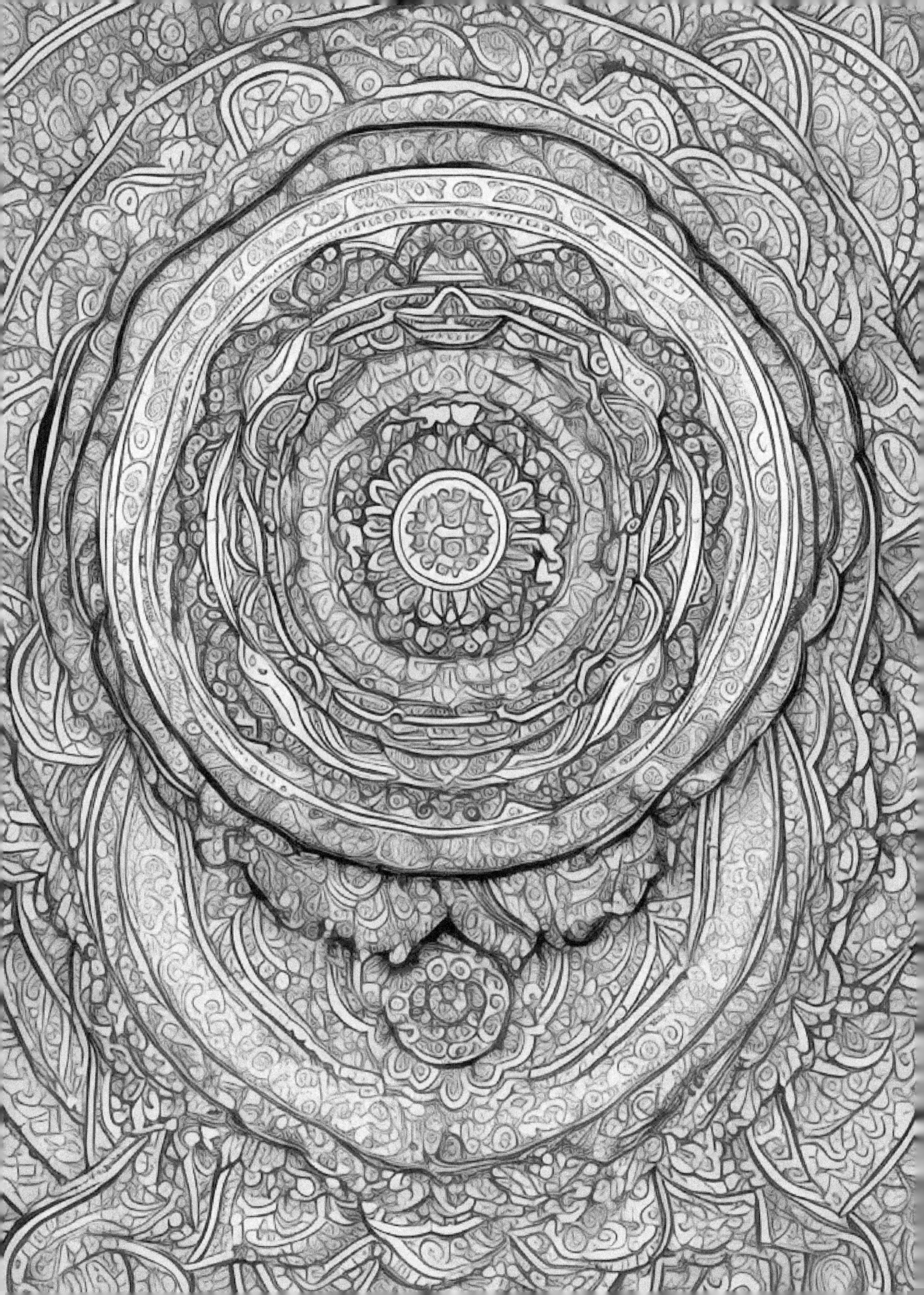

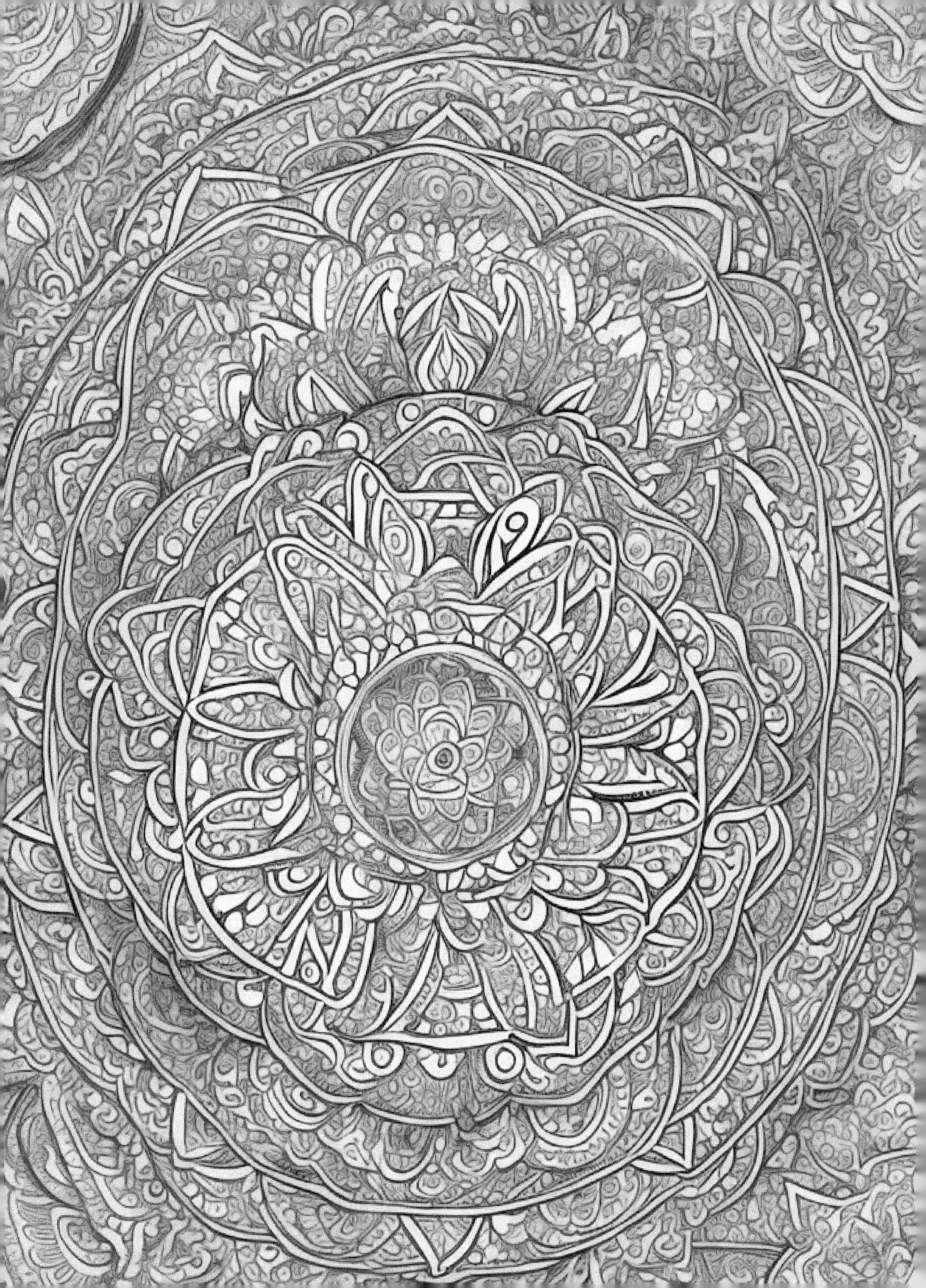

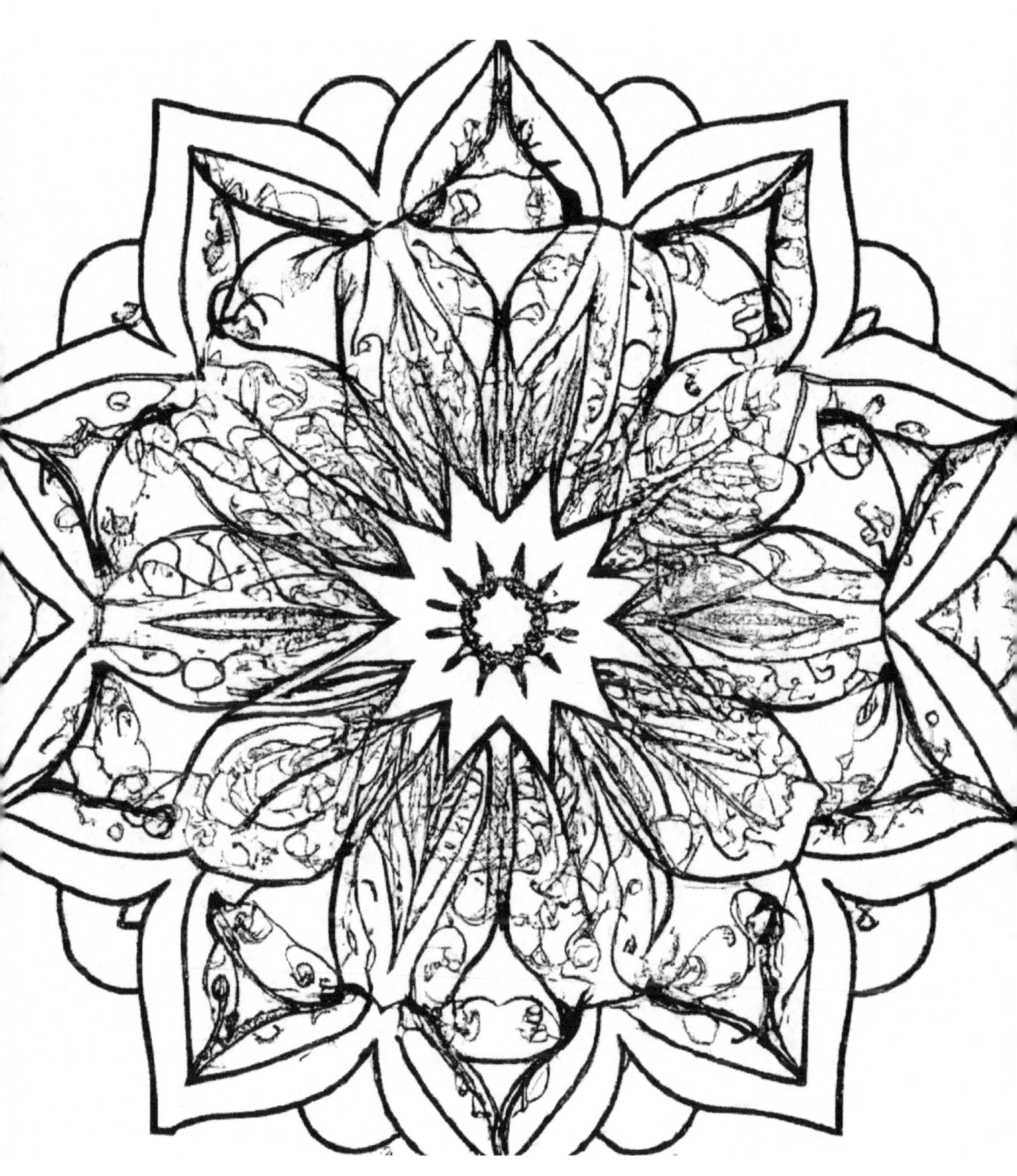

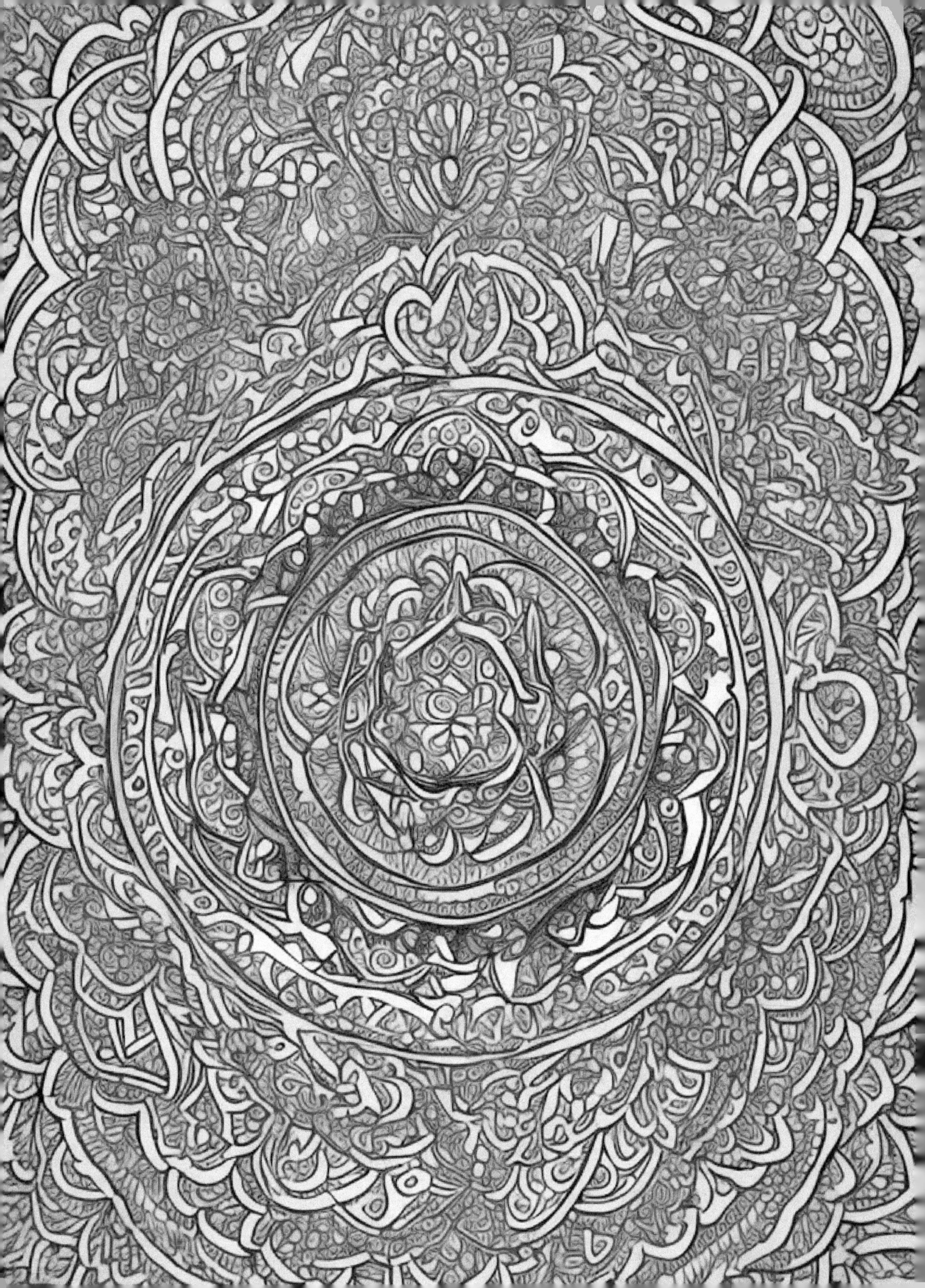

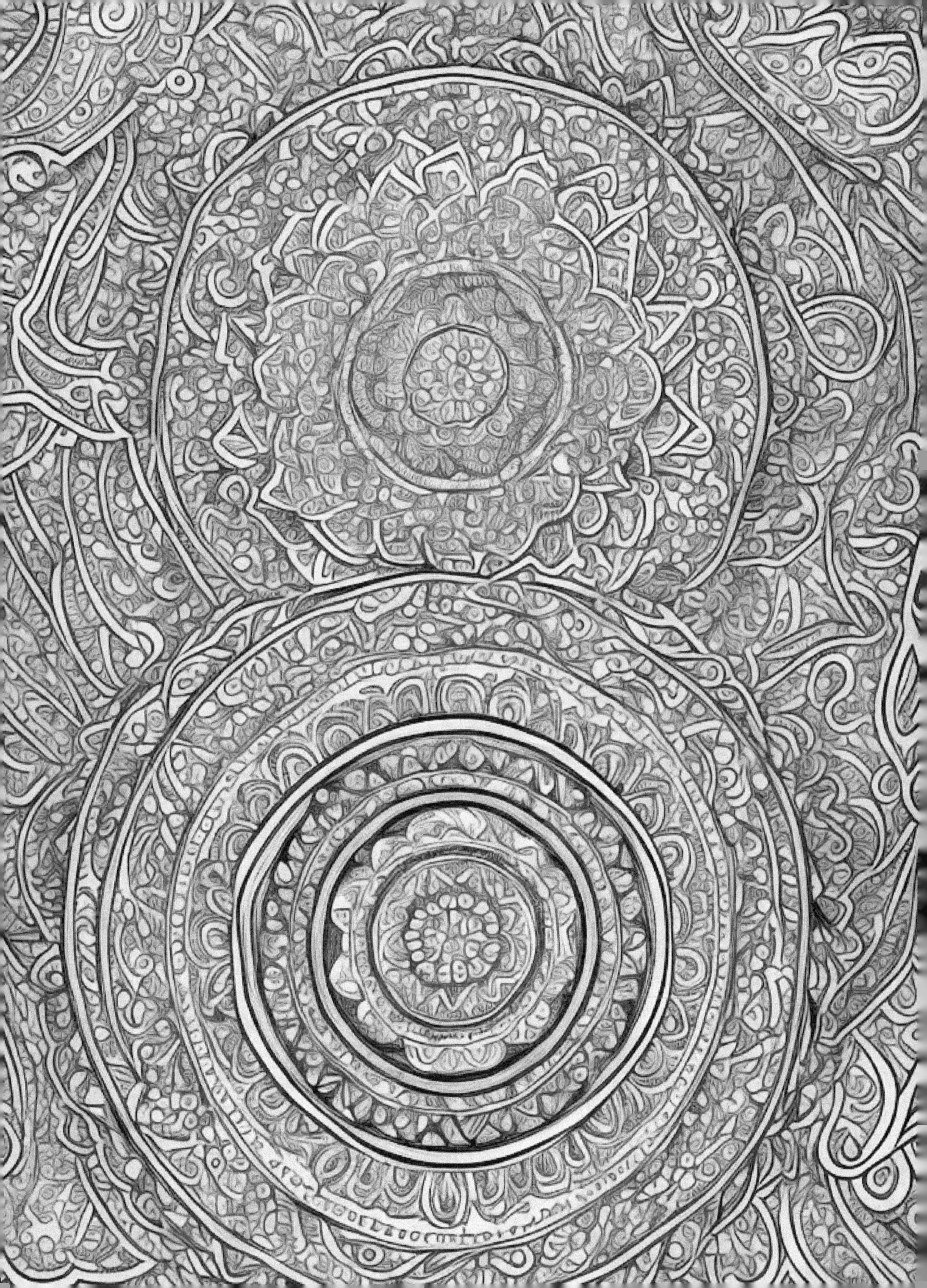

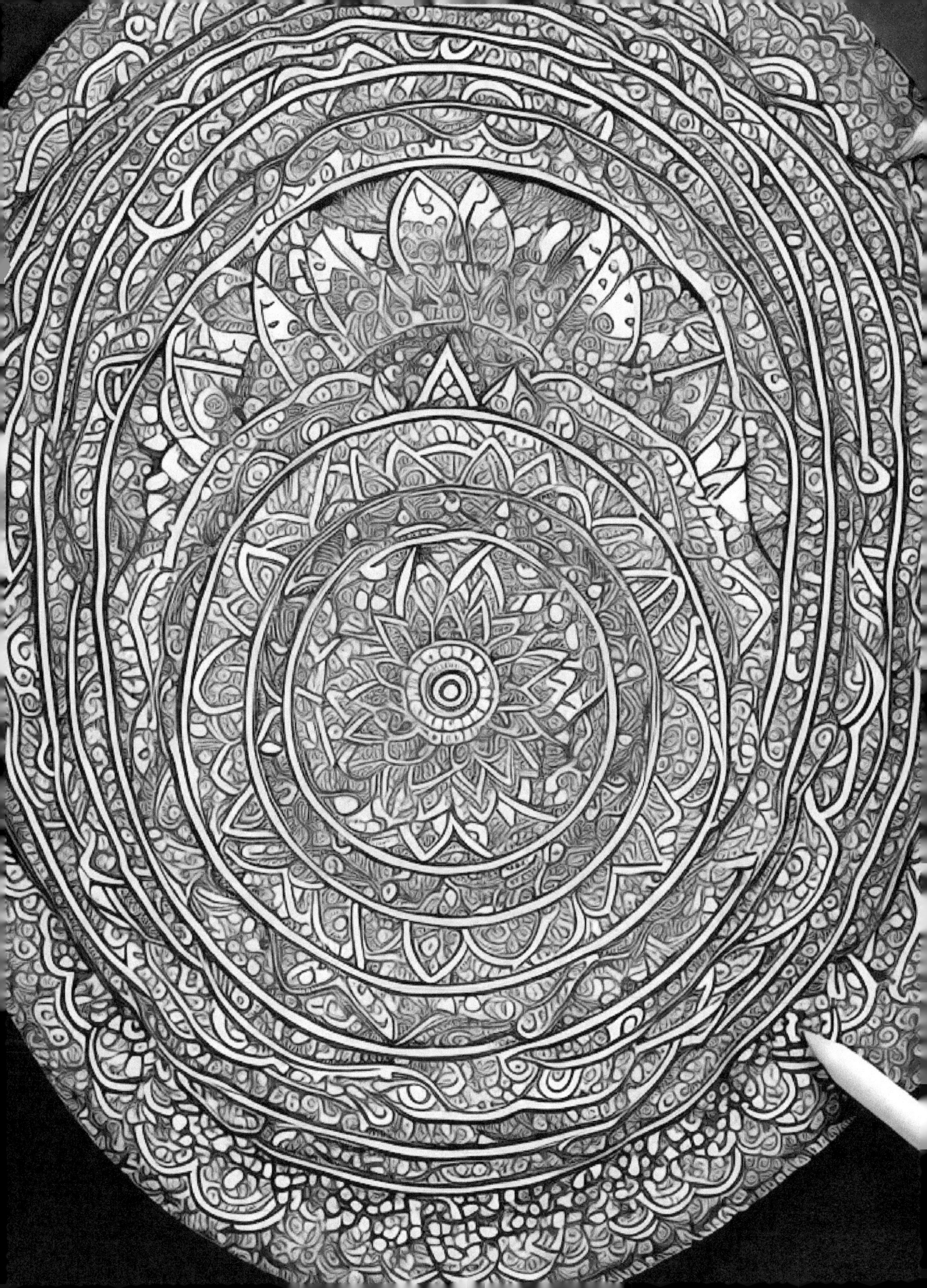

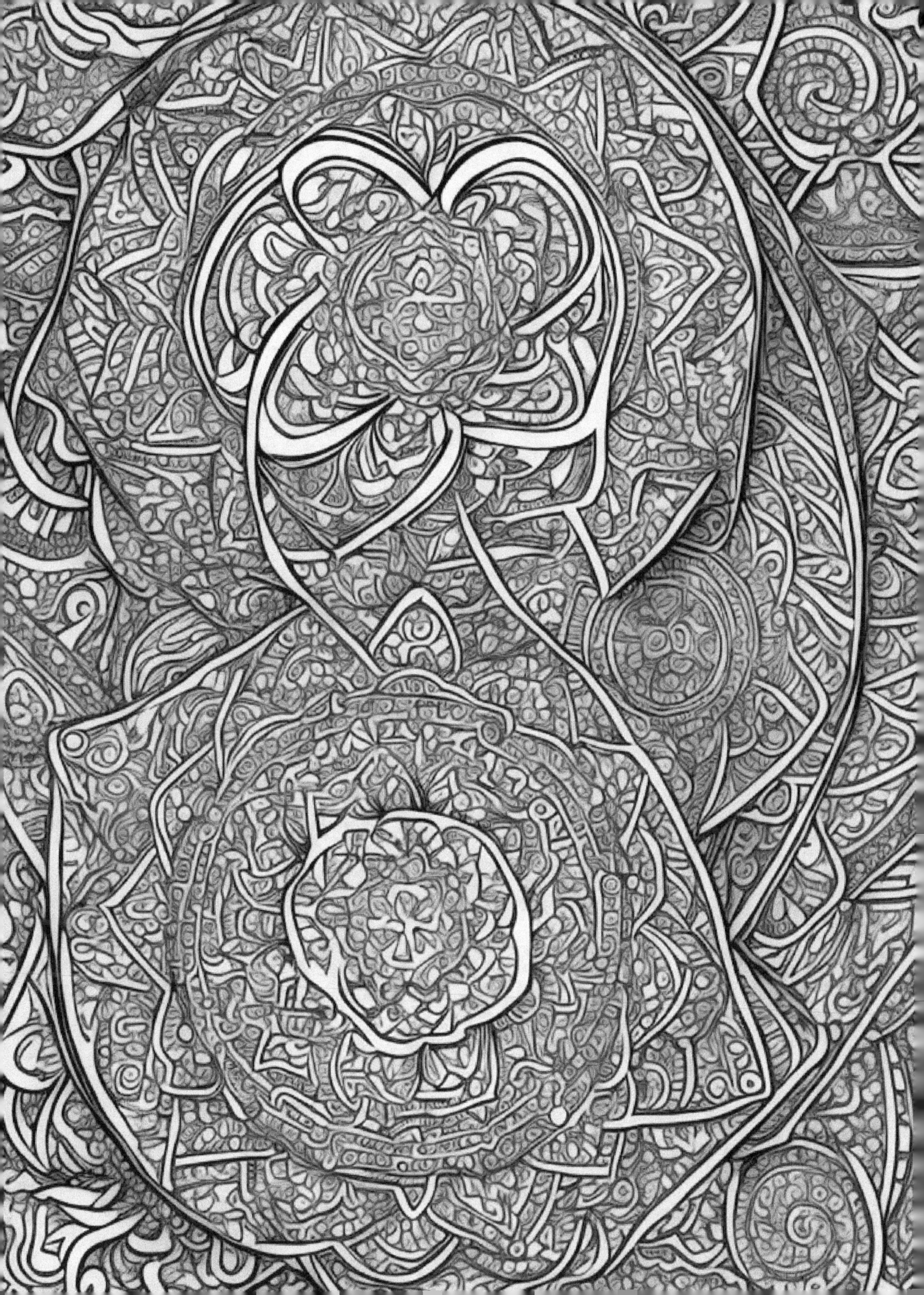

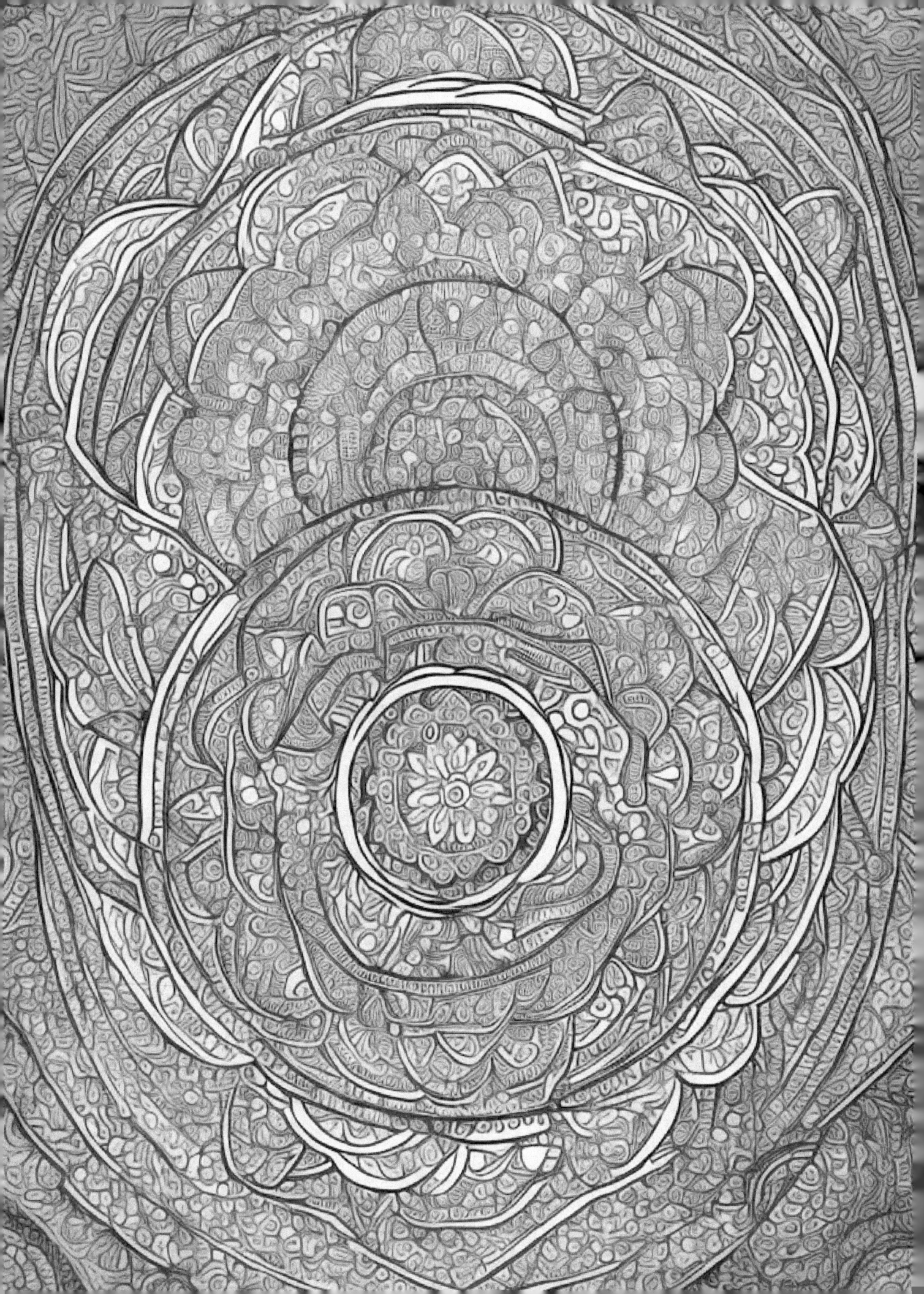

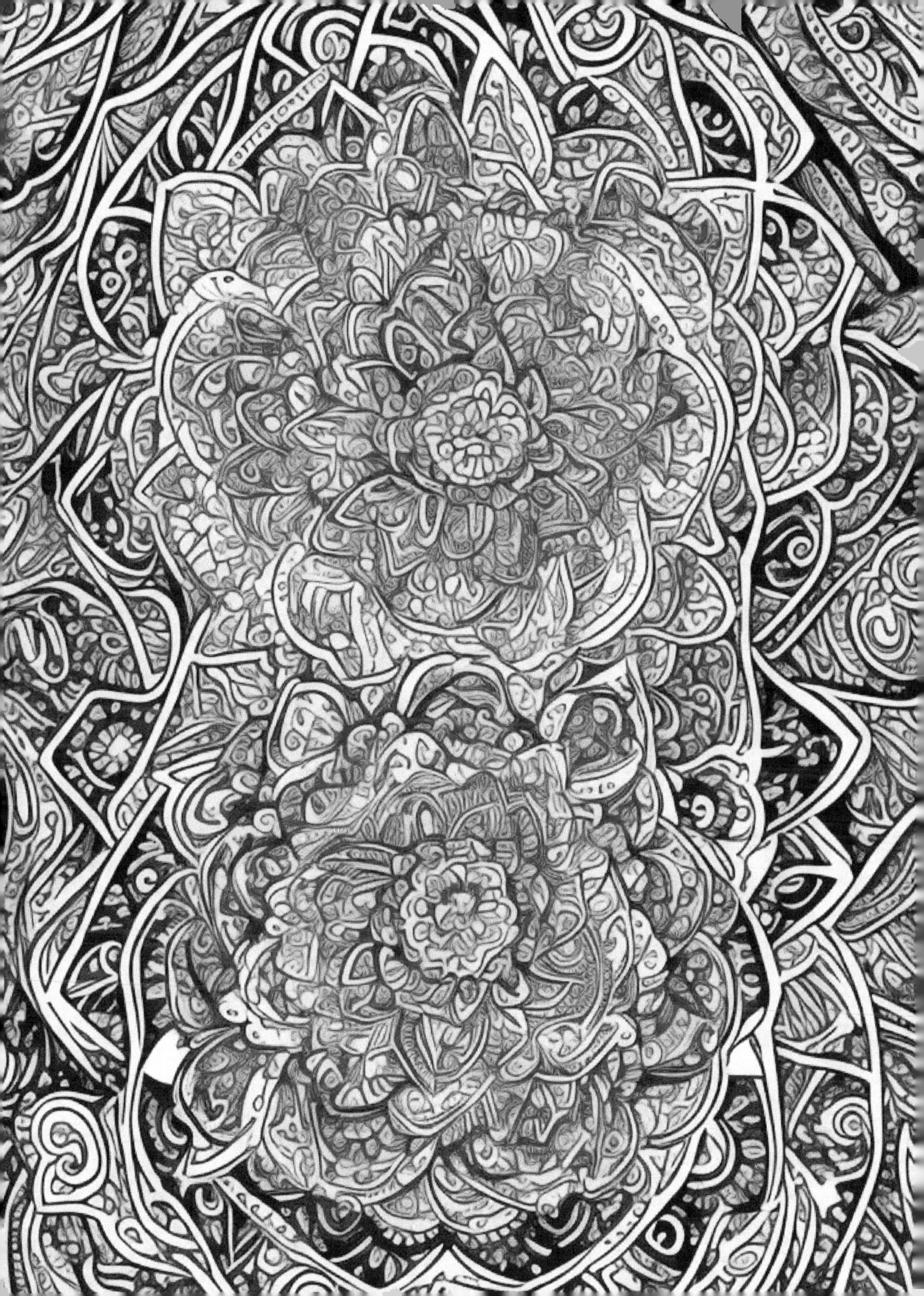

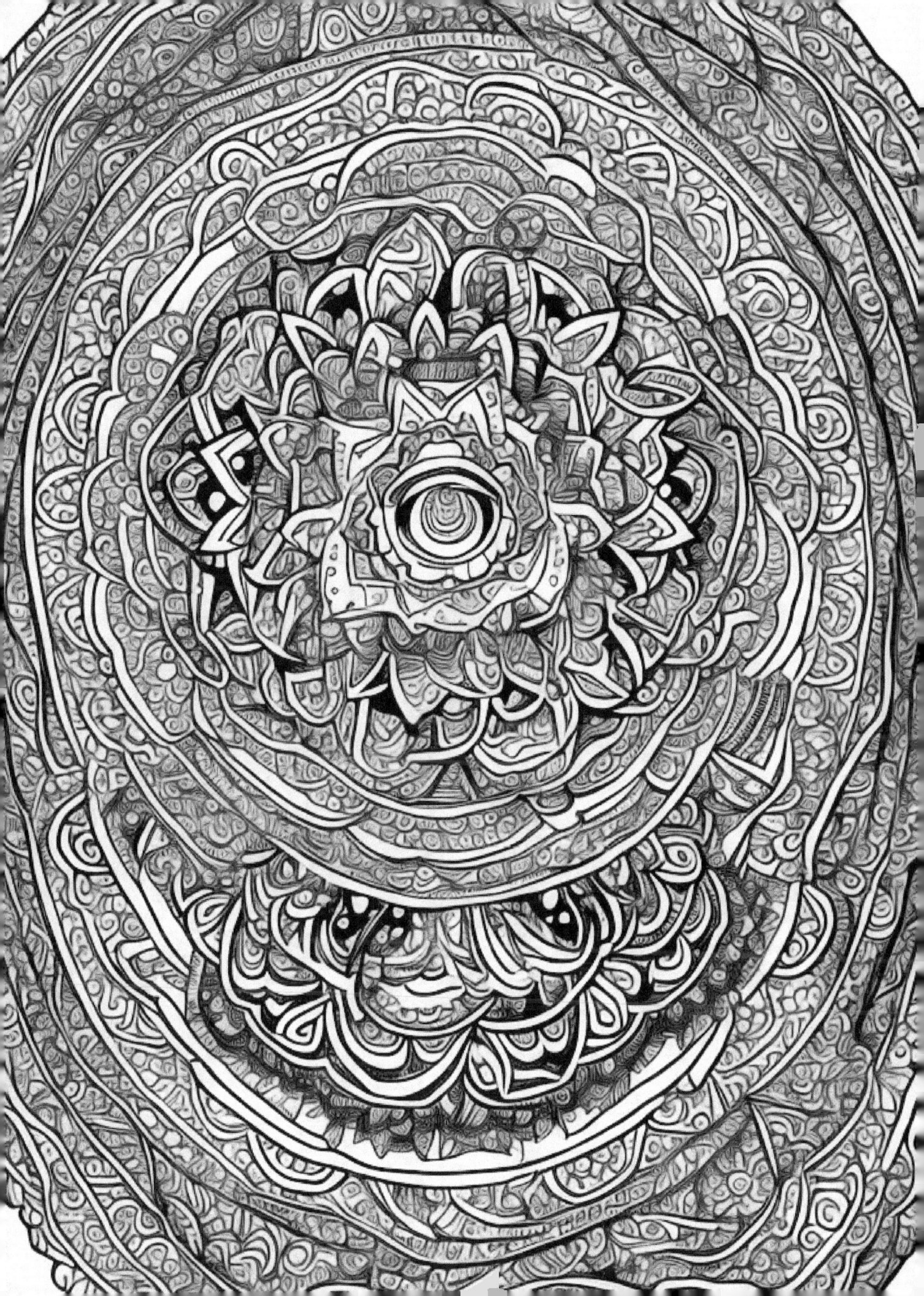

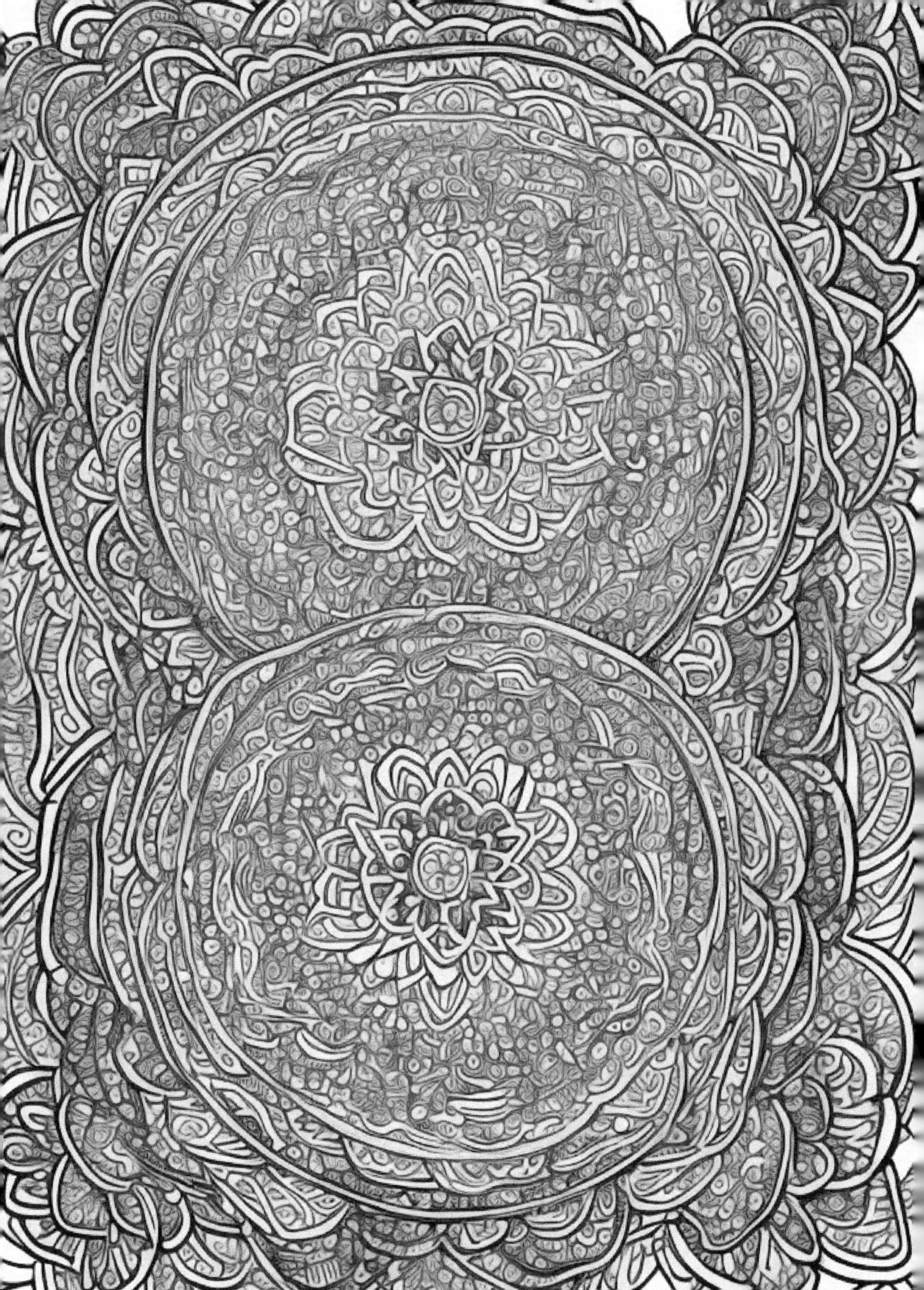

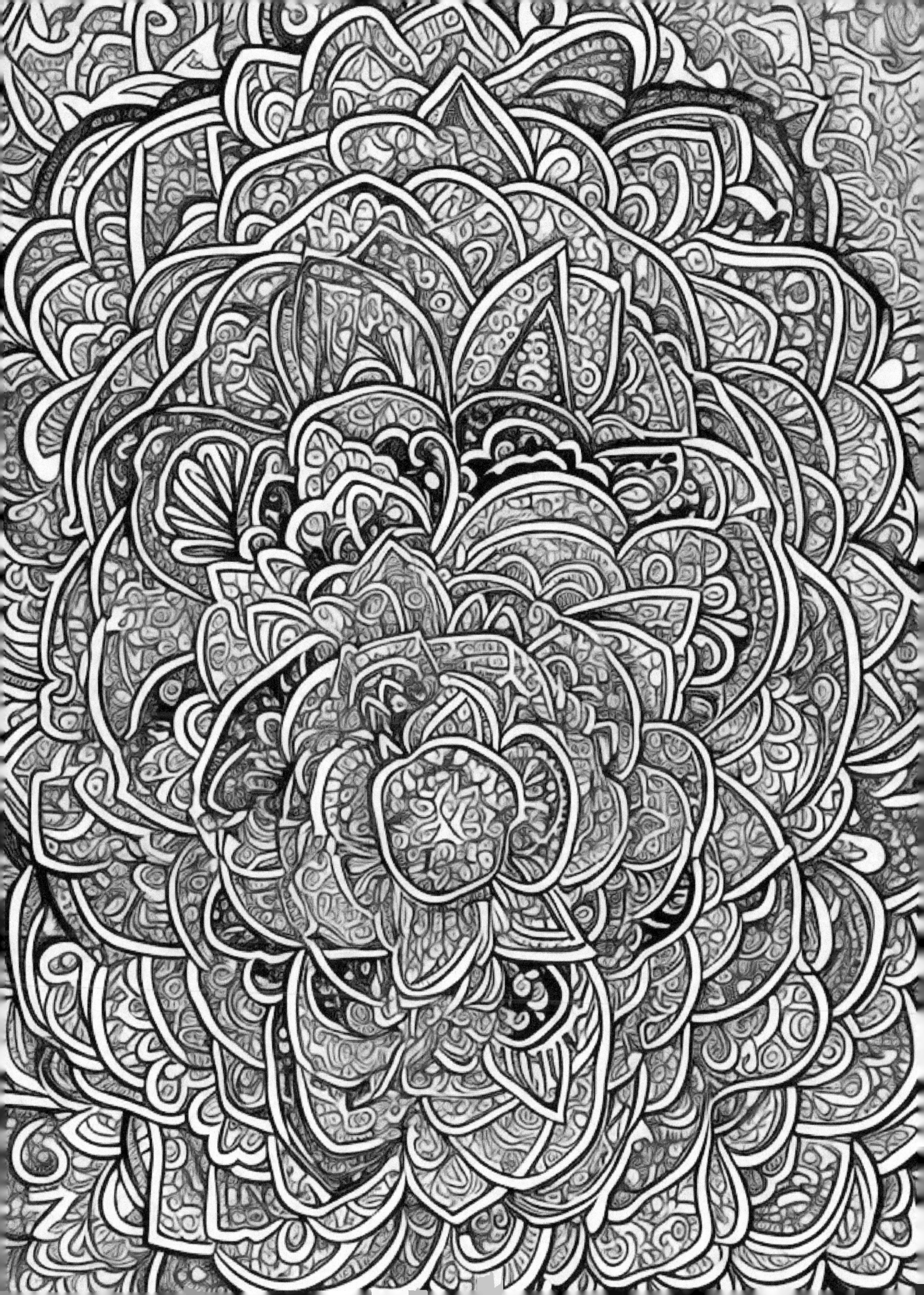

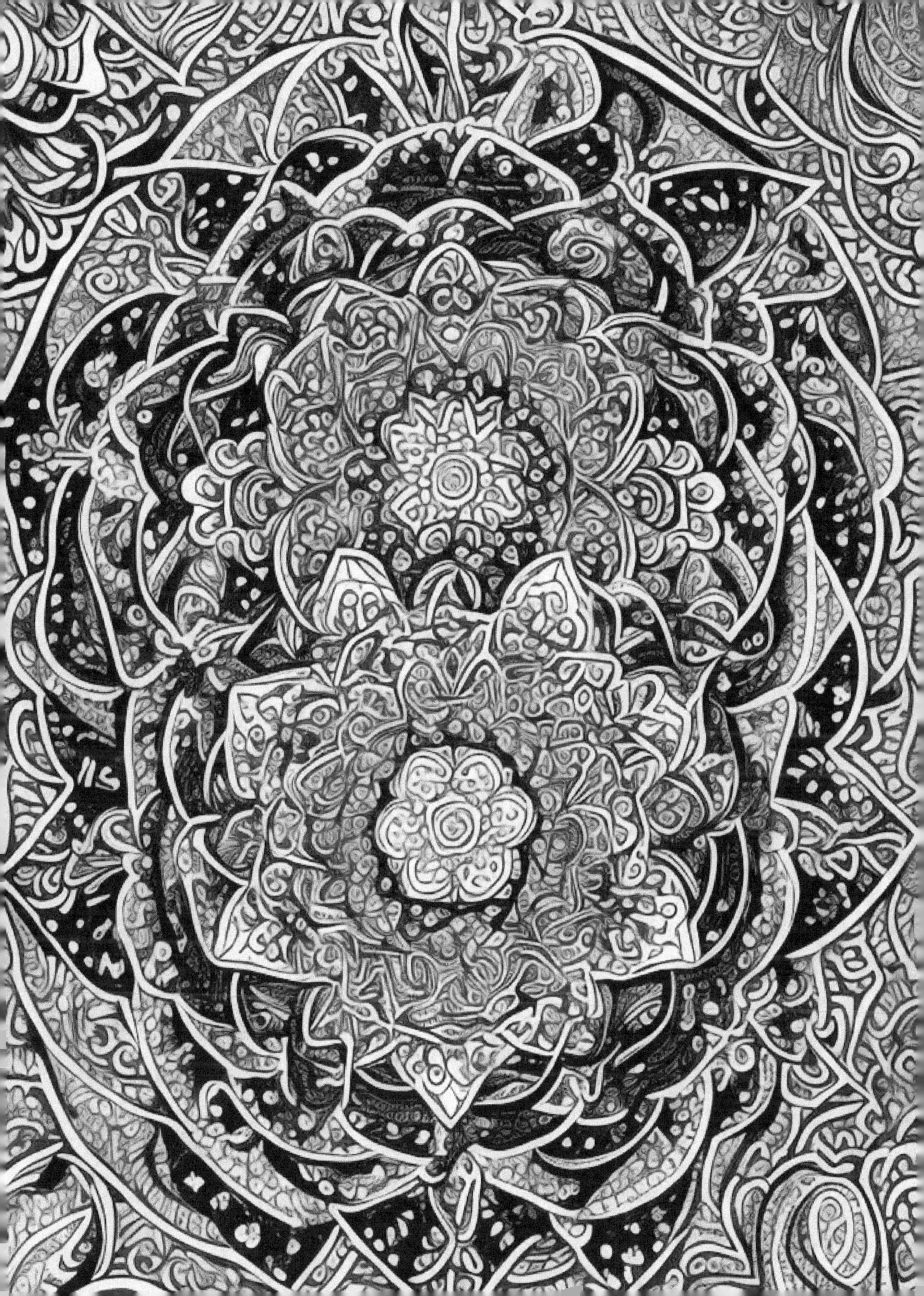

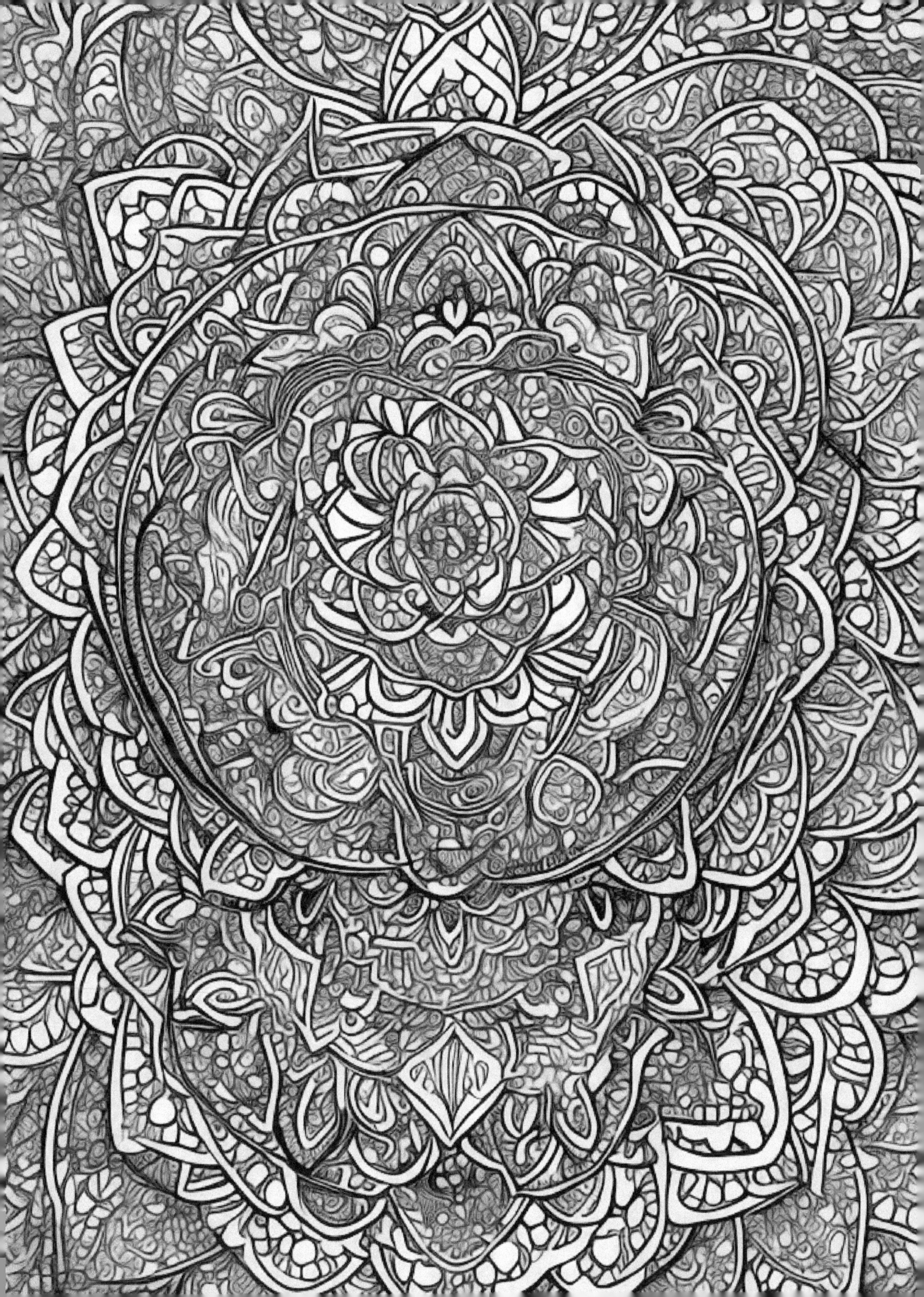

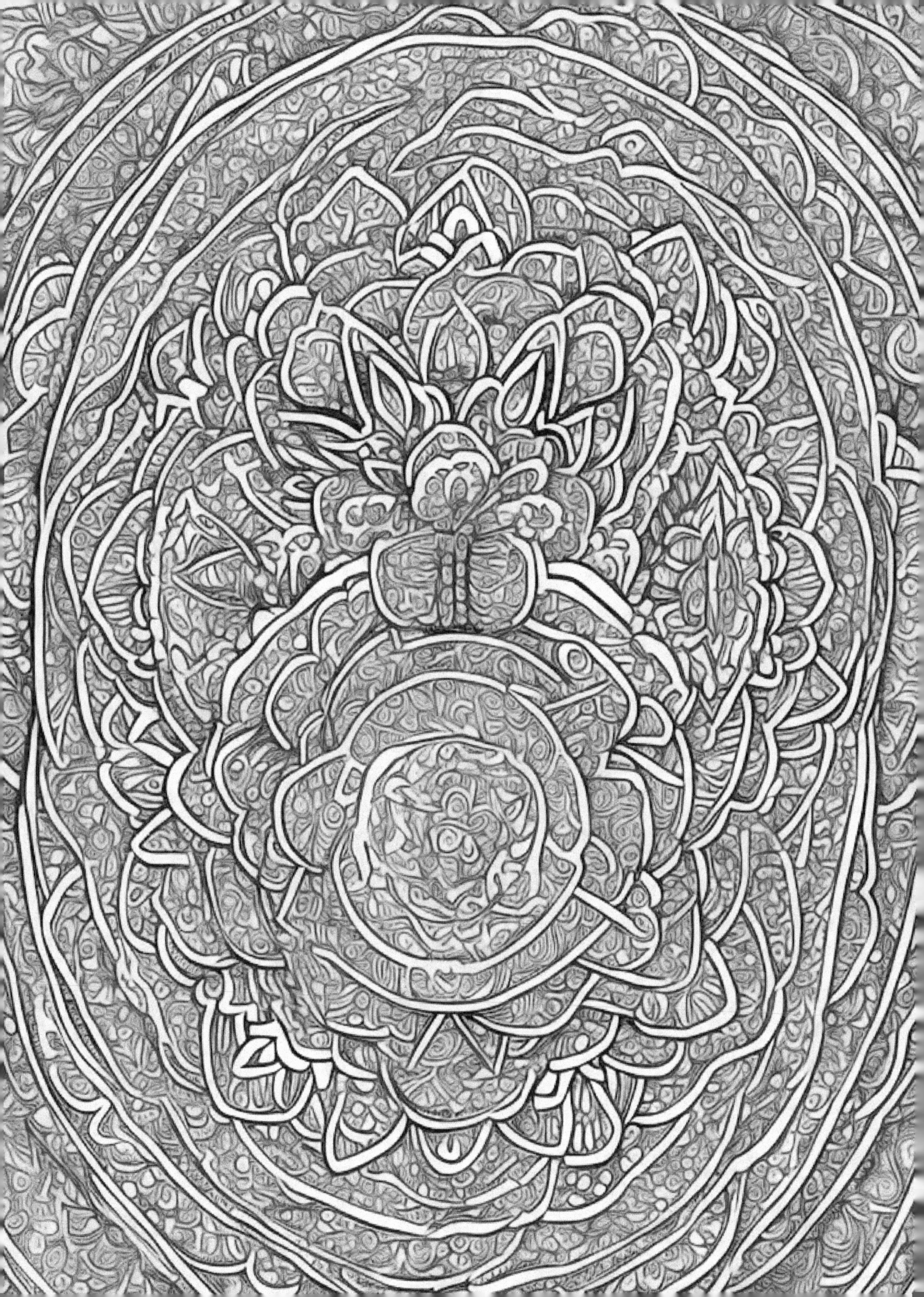

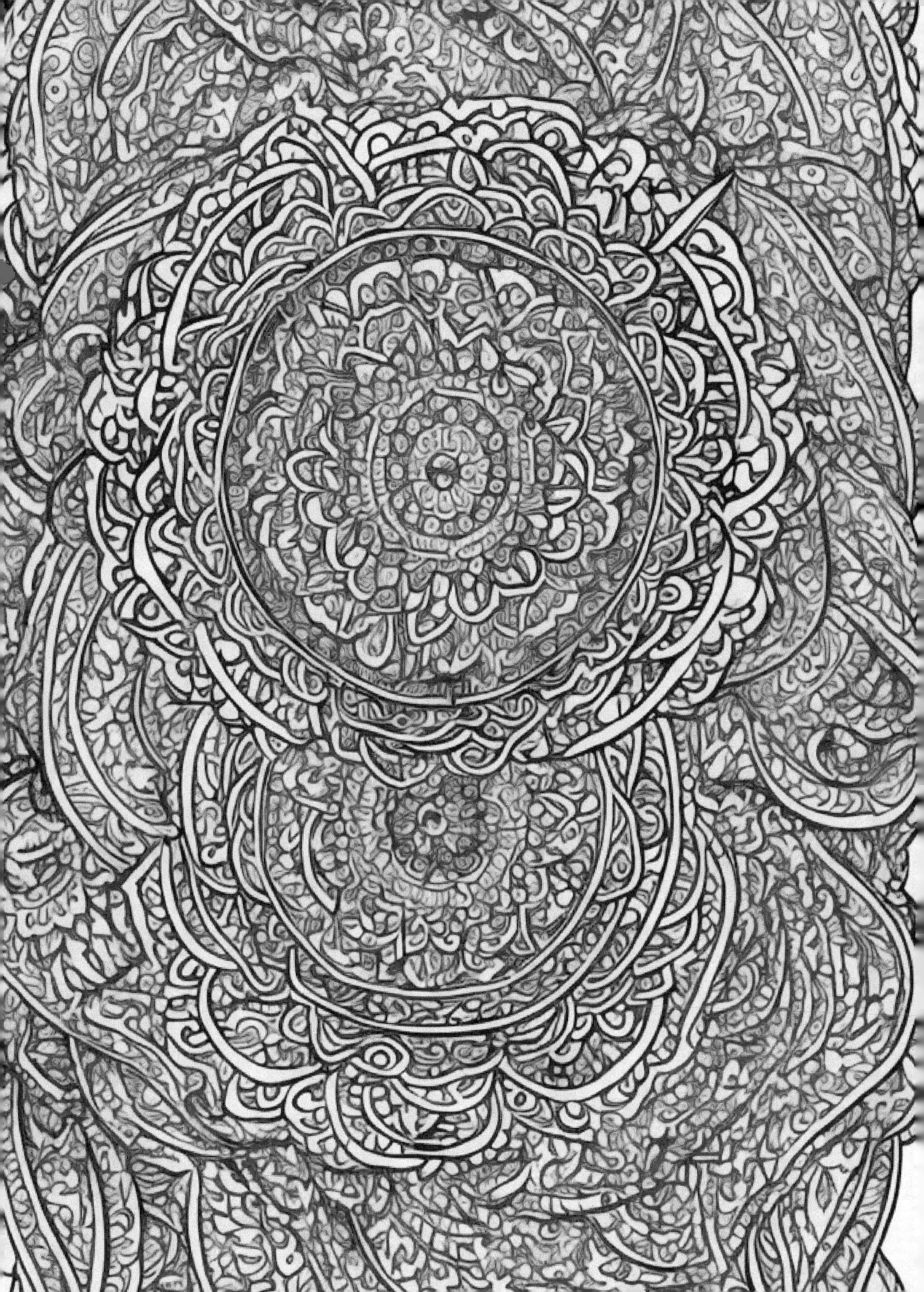

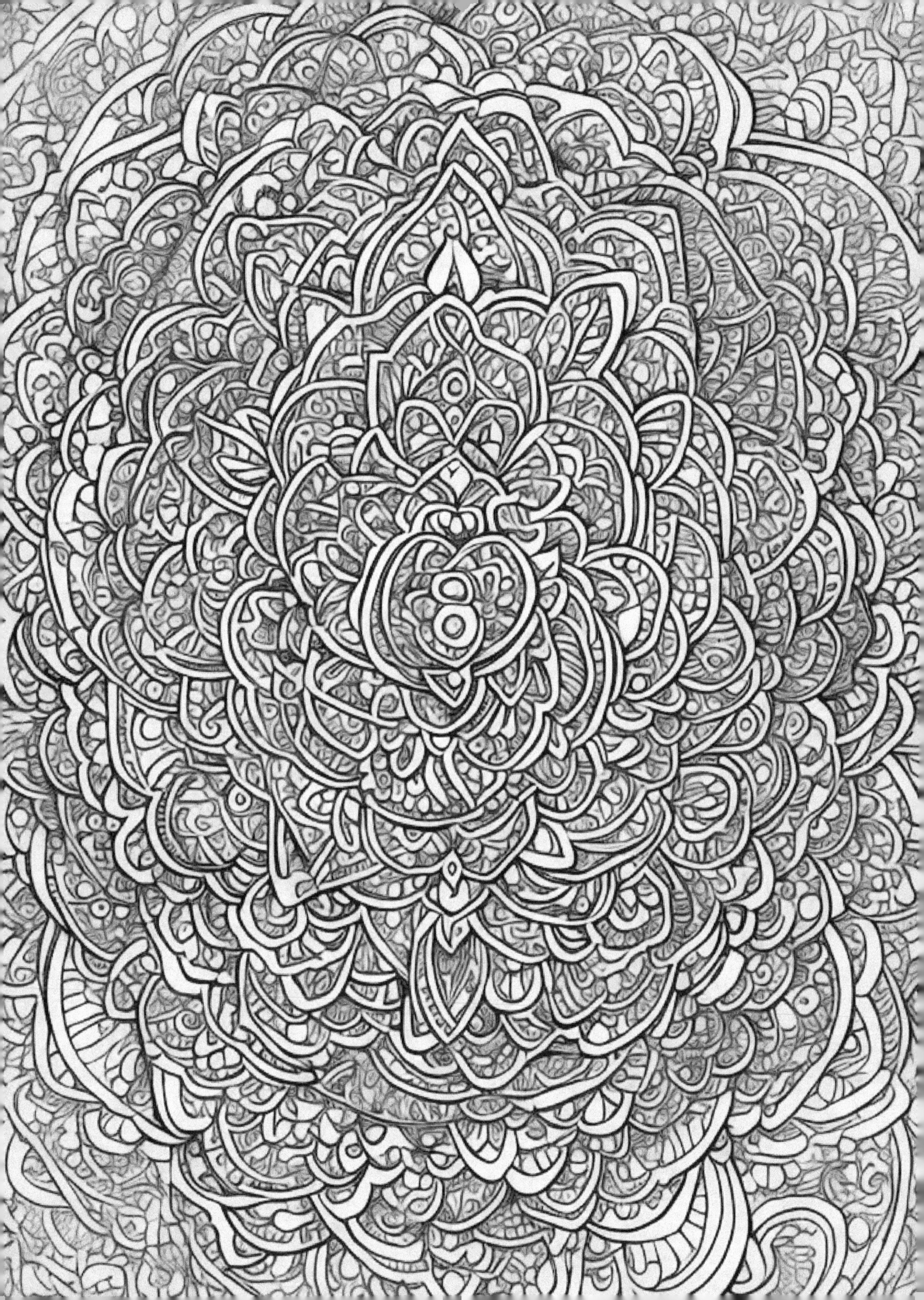

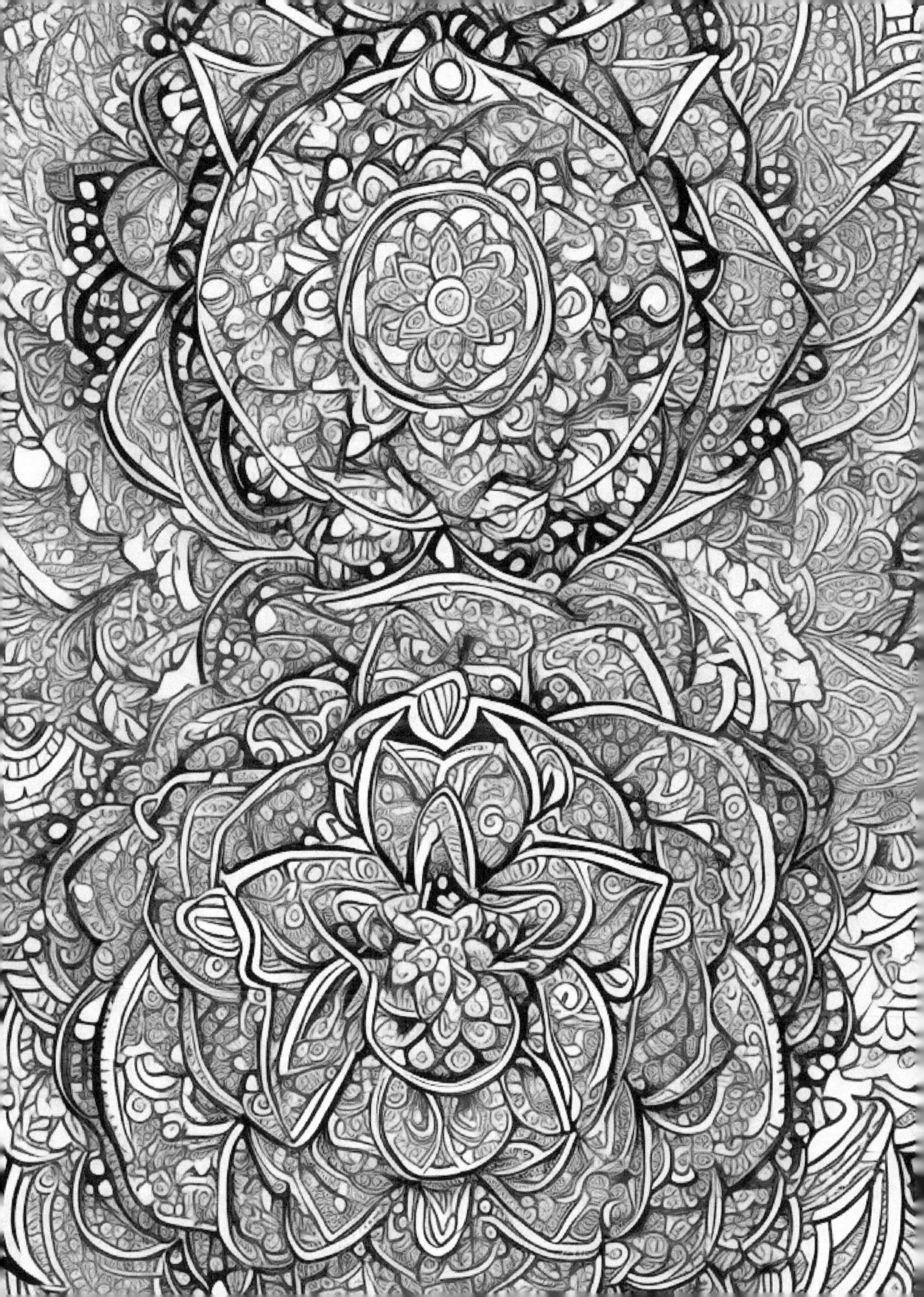

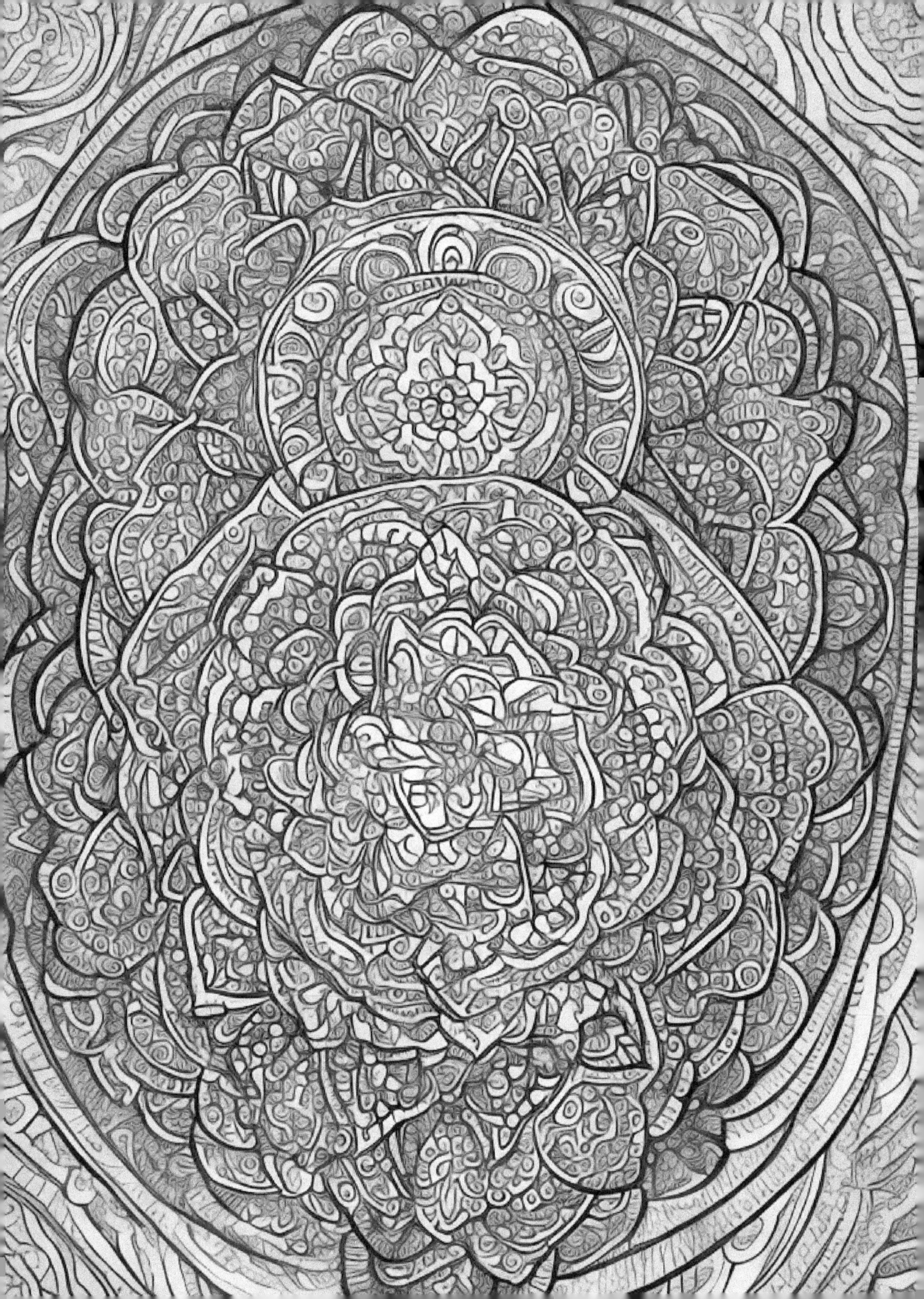

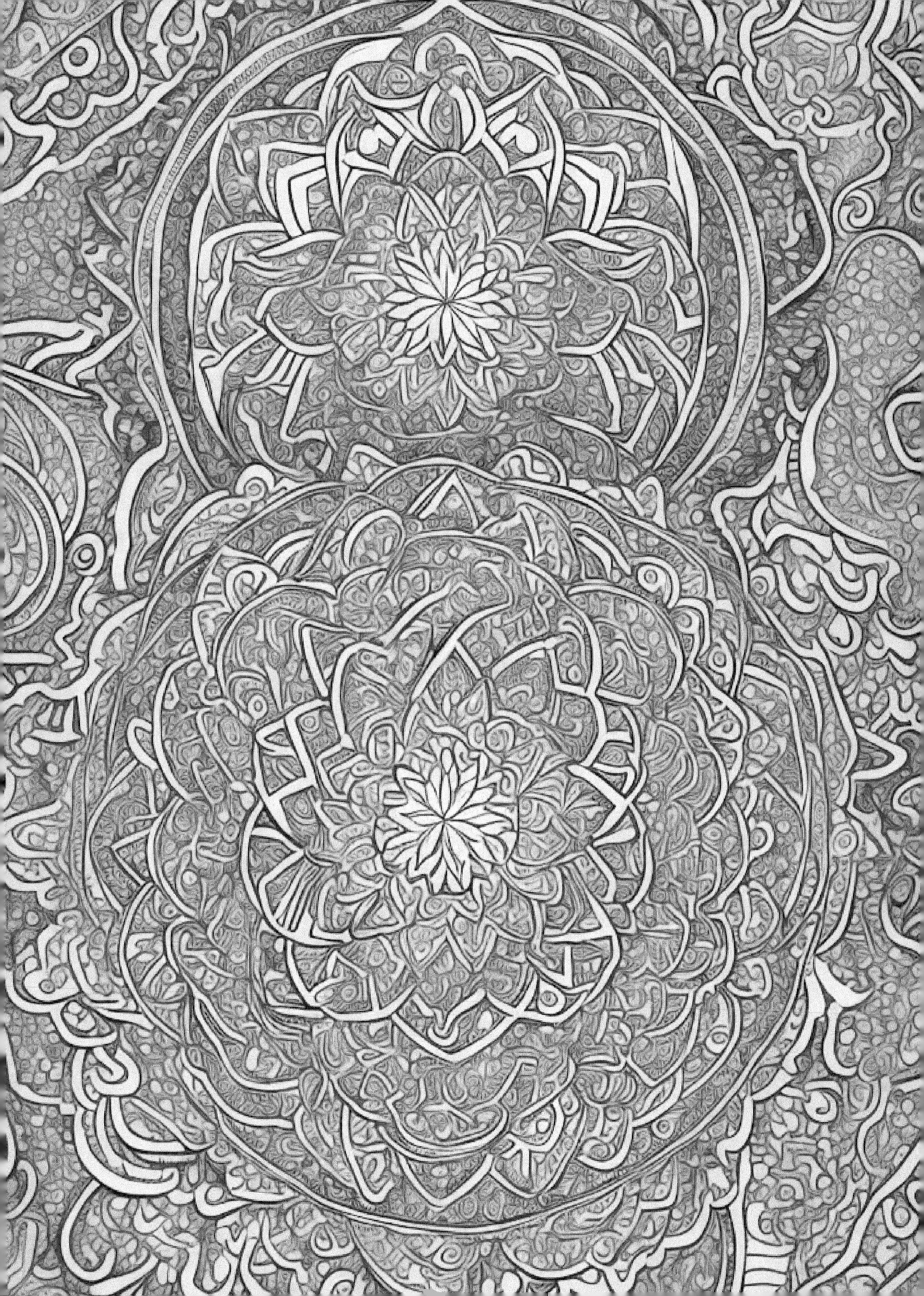

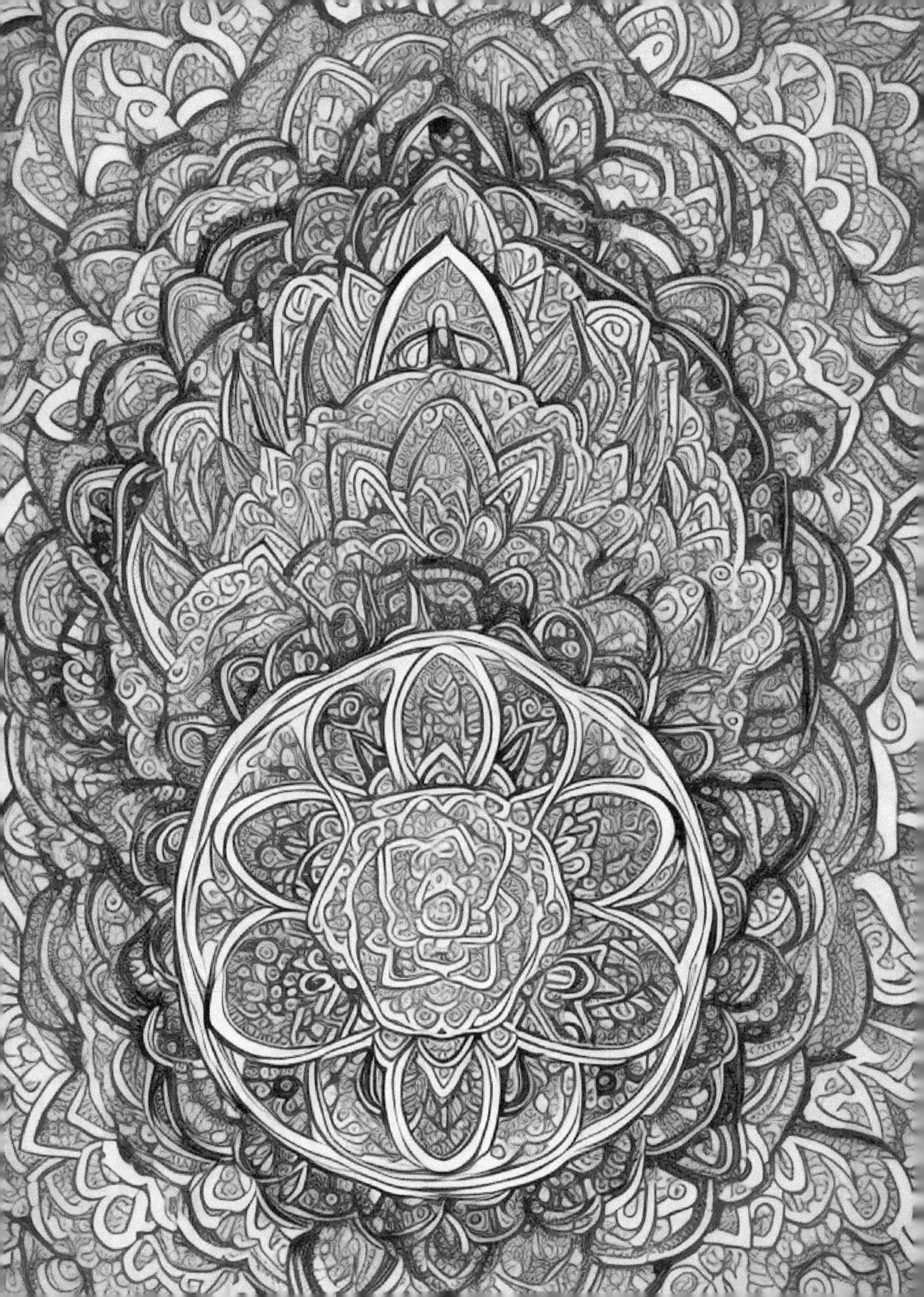

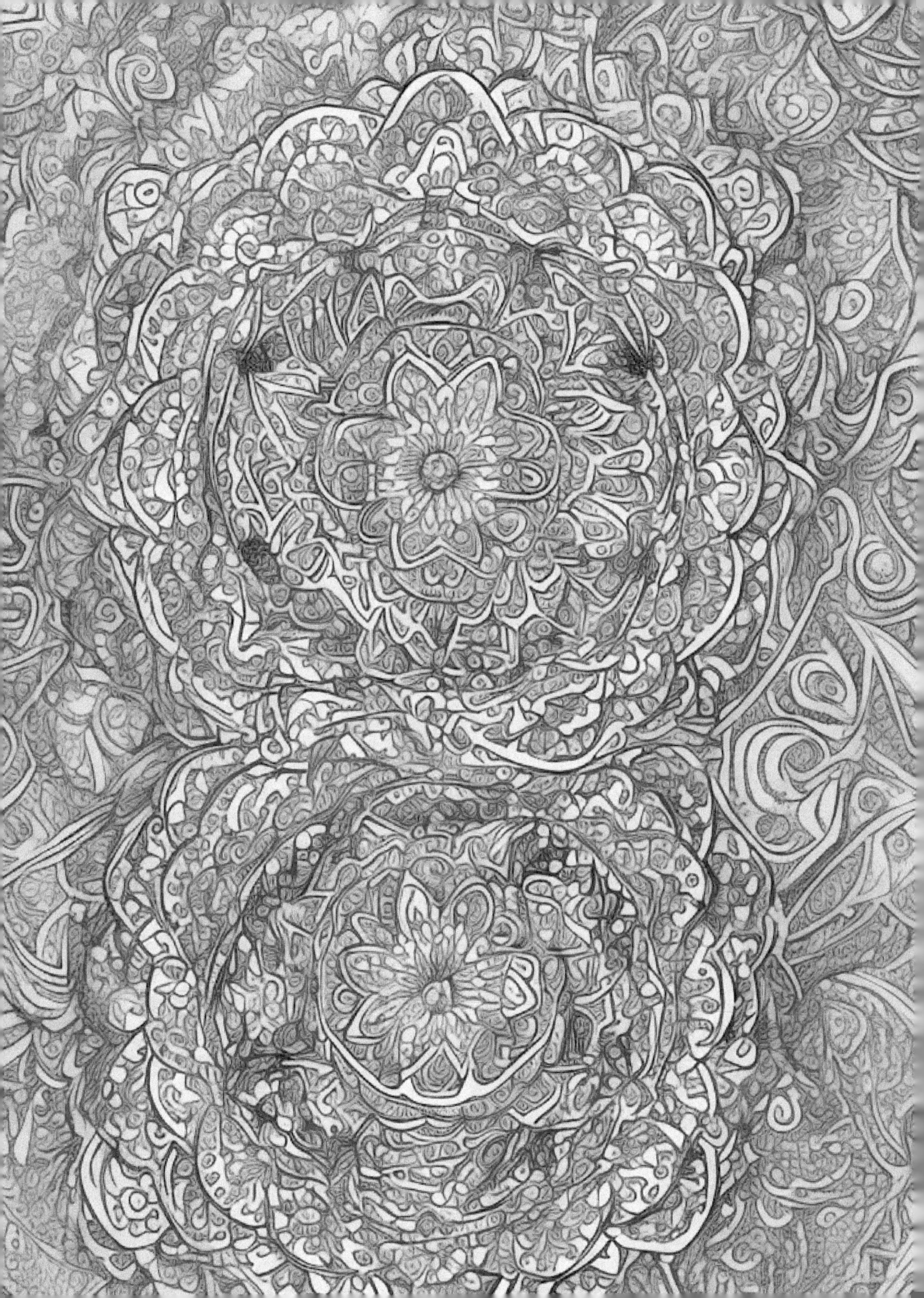

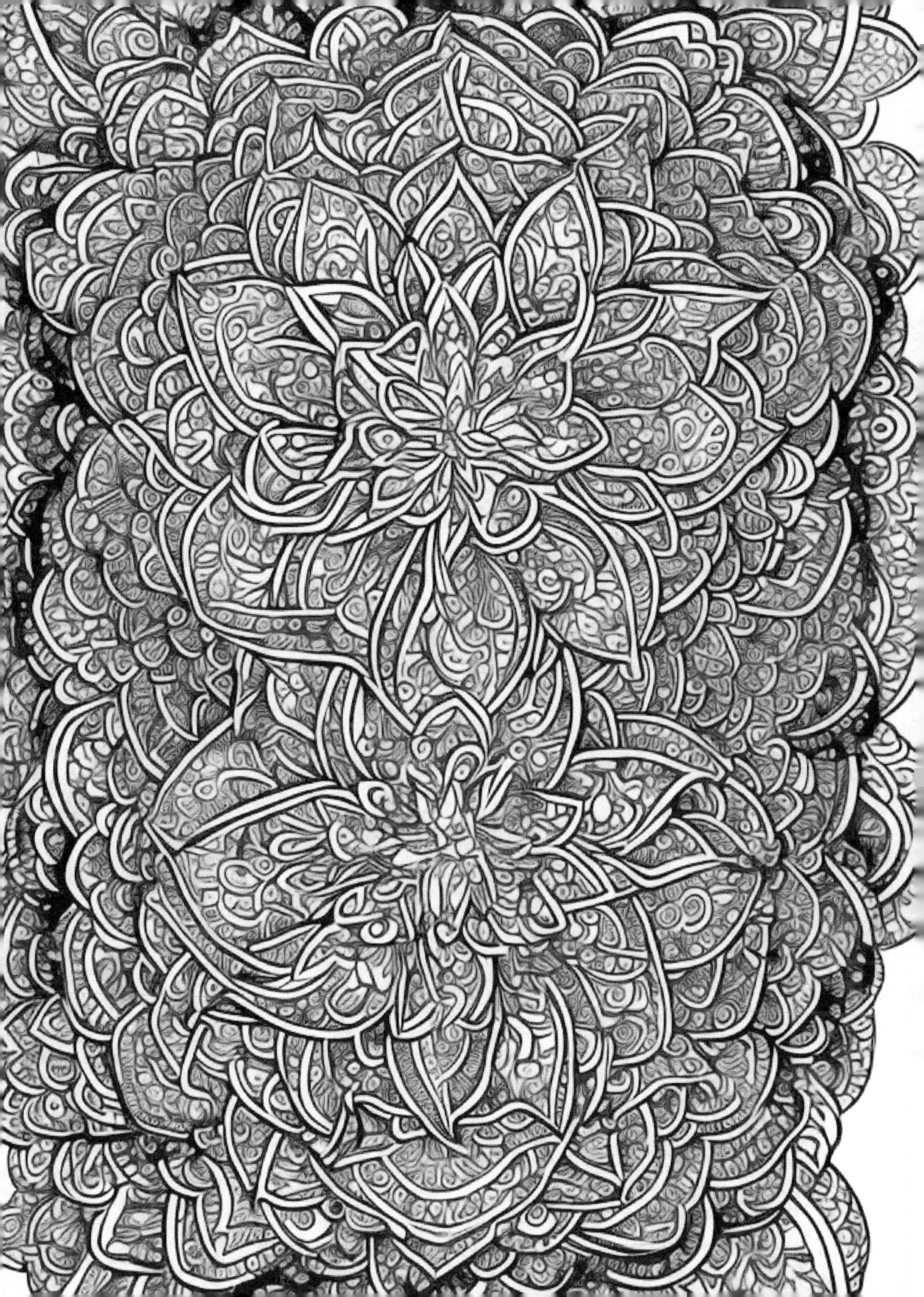

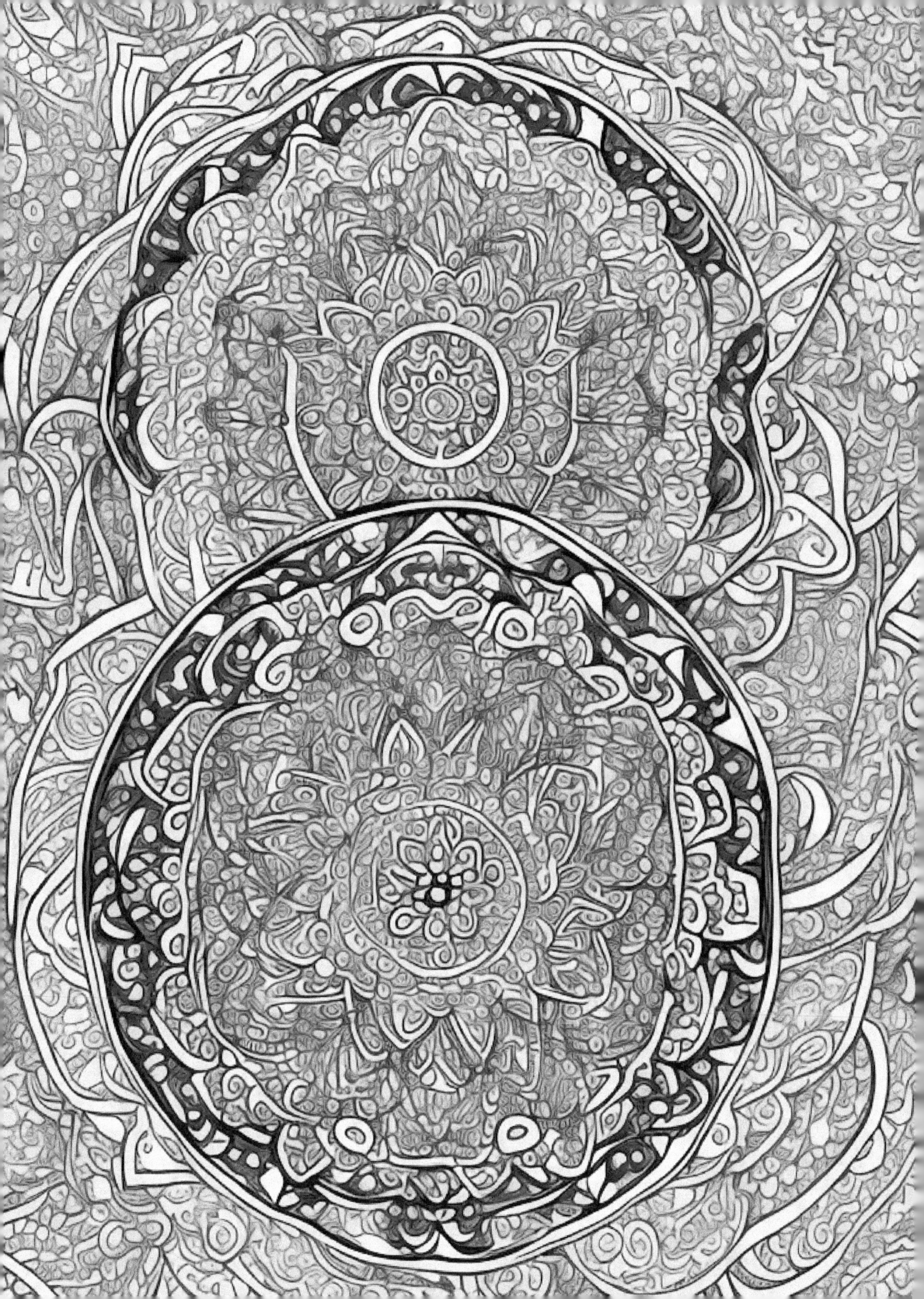

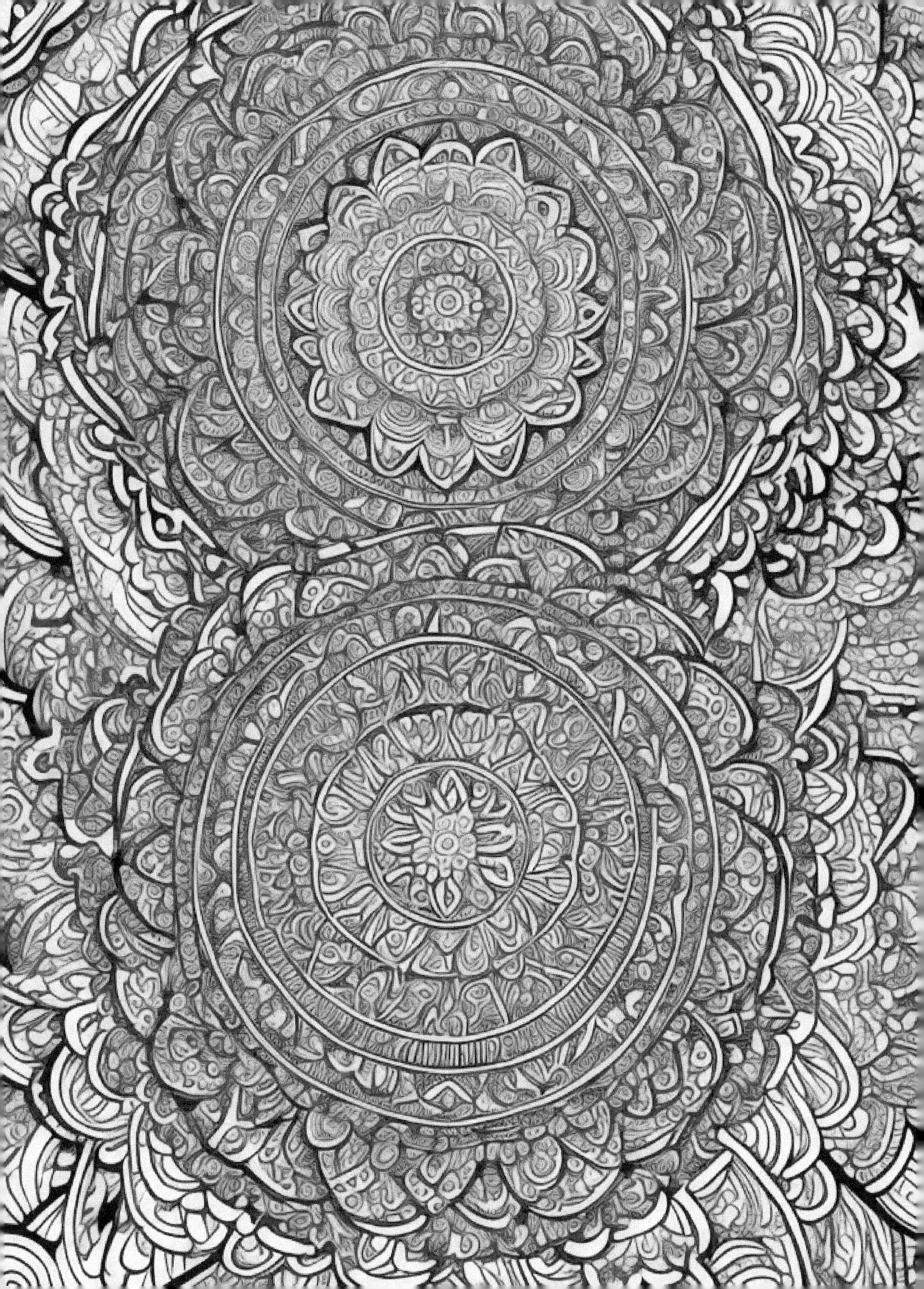

www.ingramcontent.com/pod-product-compliance
Lightning Source LLC
Chambersburg PA
CBHW082349220526
45470CB00008B/2695